Büro-Spicker

Englisch Telefonieren

Autumn Pierce

Compact Verlag

Chefredaktion: Ilse Hell
Redaktion: Julia Kotzschmar, Alexandra Pawelczak
Redaktionsassistenz: Brigitte Stoffel
Fachredaktion: Sarah Nowotny
Titelabbildung: Getty Images
Umschlaggestaltung: Axel Ganguin
Typografischer Entwurf: Axel Ganguin
Produktion: Wolfram Friedrich

ISBN 3-8174-7519-5
7175191

Besuchen Sie uns im Internet: www.compactverlag.de

Inhalt

Vorwort

Die neue Reihe Büro-Spicker richtet sich an alle, die ihre eigenen Kenntnisse verbessern und im Beruf weiterkommen wollen. Die praktischen Nachschlagewerke bieten schnelle und kompetente Hilfe zu allen berufsrelevanten Themen.

Englisch ist heute eine Grundvoraussetzung im Berufsleben und zudem die länderübergreifende Sprache der Wirtschaftswelt. Im Zuge fortschreitender Globalisierung und internationaler Vernetzung wird die Verständigung über die Landesgrenzen hinaus immer wichtiger. Gerade mit Geschäftspartnern im Ausland, aber auch mit englischsprachigen Kollegen, ist das Telefon ein unverzichtbares Medium geschäftlicher Kommunikation.

Die wesentlichen Redewendungen und Wörter des englischen Telefonierens werden auf den Punkt gebracht. Das Buch bietet dem Leser übersichtlich und praxisnah aufbereitet wertvolle Tipps und Formulierungshilfen.

1. Grundlagen des Telefonierens

1.1 Anrufe ausführen und entgegennehmen

A: Good morning. CISCOM. How can I help you?
B: This is Ron Winter calling from T-Bird. Can I speak to Mr Green?
A: Let me see if he is available.
C: Bob Green.
A: Hi Bob. A Ron Winter from T-Bird would like to speak to you.
C: OK. Put him through.
A: Mr Winter?
B: Yes.
A: I will connect you with Mr Green.
B: Thank you.
C: This is Bob Green.
B: Hello, Mr Green. This is Ron Winter from T-Bird.

A: Firma CISCOM. Guten Morgen. Was kann ich für Sie tun?
B: Hier spricht Ron Winter von T-Bird. Kann ich Herrn Green sprechen?
A: Ich schaue nach, ob er zu sprechen ist.
C: Hier spricht Bob Green.
A: Hallo Bob. Ein Herr Ron Winter von T-Bird möchte Sie sprechen.
C: O.k. Stell ihn durch.
A: Herr Winter. Hören Sie?
B: Ja.
A: Ich verbinde Sie mit Herrn Green.
B: Danke schön.
C: Hier spricht Bob Green.
B: Hallo, Herr Green. Hier spricht Ron Winter von der Firma T-Bird.

C: Hello, Ron. Call me Bob.	C: Guten Tag. Sie können mich Bob nennen.

Infobox

First Name Basis

In Great Britain and the United States, it is very common to address people in a business situation by their first names. When someone answers the telephone with only their first name, you can feel free to address them by their first name.
If they introduce themselves as "Mr ..." or with their first and last name, then address them as Mr/Ms/Mrs until they ask you to call them by their first name.

Redewendungen

Good morning.	Guten Morgen.
Good afternoon.	Guten Tag.
Good evening.	Guten Abend.
You've reached ...	Sie sind verbunden mit ...
This is ...	Hier spricht ...
How can I help you?	Wie kann ich Ihnen helfen?
May I help you?	Darf ich Ihnen behilflich sein?/Was kann ich für Sie tun?
My name is ...	Mein Name ist .../ Ich heiße ...

...'s office.	Sekretariat von .../ Apparat von ...
This is ... speaking.	... am Apparat.
May I ask who's calling?	Mit wem spreche ich bitte?
This is the switchboard.	Hier ist die Vermittlungszentrale.
You have reached the reception.	Sie sind mit dem Empfang verbunden.
Am I speaking to ...?	Spreche ich mit ...?
Is that ...?	Spreche ich mit ...?
I would like to speak to ...	Ich würde gerne ... sprechen.
Is Mr/Mrs/Ms ... available?	Ist Herr/Frau ... zu sprechen?
Could you please connect me with ...?	Könnten Sie mich bitte mit ... verbinden?
... here.	Hier spricht ...
This is ...'s secretary.	Hier spricht die Sekretärin von ...
Could you put me through to ...?	Könnten Sie mich zu ... durchstellen?
May I speak to ...?	Könnte ich ... sprechen?
I'm calling on behalf of ...	Ich rufe im Auftrag von ... an.
Is that ...'s phone?	Ist dies der Apparat von ...?

Infobox

Ms/Mrs/Dr.

Unlike German, where "Frau" is used for both married and unmarried women, there is a distinction in English. Only women who are married are referred to as "Mrs" while unmarried women are referred to as "Miss". The easiest solution is to address a woman as Ms (pronounced Mz). Persons with a PhD (Doktortitel) are usually not addressed with this title in a business setting. The correct way to address a PhD is Dr. Green, not Mr Dr. Green.

Vokabeln

to answer	antworten, entgegennehmen
to be available	zu sprechen sein
to call	anrufen
to connect	verbinden
to dial	wählen
first name	Vorname
to introduce	sich vorstellen
line	Leitung
office	Büro
phone	Telefon, Apparat
to put through	durchstellen

to reach	erreichen
receiver	Hörer
to ring	klingeln
secretary	Sekretär(in)
to speak	sprechen
... speaking	... am Apparat
surname	Nachname
switchboard	Vermittlungs-zentrale
telephone number	Telefonnummer
to make a phone call	einen Anruf tätigen

1.2 Den Grund des Anrufs nennen und erfragen

A: CISCOM. This is Lisa. How may I help you?	A: Firma CISCOM. Hier spricht Lisa. Wie kann ich Ihnen helfen?
B: This is Susan Wood speaking. May I speak to Karen Jones?	B: Hier spricht Susan Wood. Kann ich Karen Jones sprechen?
A: May I ask what you are calling about?	A: Darf ich fragen, worum es geht?

B: I got her name from one of her clients and wanted to talk to her about the AIROM product line.	B: Ich habe ihren Namen von einem ihrer Kunden bekommen und wollte mit ihr über die Produktlinie AIROM sprechen.
A: I'll see if she is available.	A: Ich werde sehen, ob sie da ist.
A: CISCOM. This is Lisa. How may I help you?	A: Firma CISCOM. Hier spricht Lisa. Wie kann ich Ihnen helfen?
B: Can I speak to John Miles?	B: Darf ich John Miles sprechen?
A: May I ask who is calling?	A: Darf ich Ihren Namen erfahren?
B: Anne Wood from FORTAS.	B: Anne Wood von der Firma FORTAS.
A: Could you repeat the name of your company and tell me what branch you represent?	A: Könnten Sie den Firmenname wiederholen und mir sagen, auf welchem Geschäftsgebiet Sie tätig sind?
B: FORTAS. We make parts for brakes. I am returning his call from this morning.	B: FORTAS. Wir stellen Teile für Bremsen her. Er hat mich heute Morgen um Rückruf gebeten.
A: OK. I'll try his extension.	A: O.k. Ich schaue nach, ob er ans Telefon geht.

Infobox

False Friends
"Wonder" is not the same as "sich wundern". "To wonder" is translated as "sich fragen" and is used to begin a polite request.
"I was wondering if you could help me."

Redewendungen

May I ask who's calling?	Wer ist am Apparat?
With whom am I speaking?	Mit wem spreche ich?
Could you please give me your name?	Könnten Sie mir bitte Ihren Namen nennen?
Could you tell me the name of your company?	Könnten Sie mir den Namen Ihrer Firma nennen?
What is the purpose of your call?	Was ist der Grund Ihres Anrufs?
Could you tell me what your call is about?	Könnten Sie mir den Grund Ihres Anrufs nennen?
What does your company do?	Was macht Ihre Firma?
What branch does your company represent?	Auf welchem Gebiet ist Ihre Firma tätig?
I'm calling about ...	Ich rufe wegen ... an.
I would like to speak to someone about ...	Ich möchte mit jemandem wegen ... sprechen.

I would like to ask about ...	Ich möchte gern nach ... fragen.
I'm returning his call.	Er hat mich um Rückruf gebeten.
We have a telephone conference at ...	Wir haben eine Telefonkonferenz um ...
I got her name from an associate.	Ich habe ihren Namen von einem Kollegen bekommen.
I was interested in your new product line.	Ich interessiere mich für Ihre ganz neue Produktlinie.
I was wondering if you could help me with ...	Ich wollte fragen, ob Sie mir wegen ... helfen könnten.
I need assistance with ...	Ich brauche Unterstützung bei ...
I have a question about ...	Ich hätte eine Frage zu ...
I have a request.	Ich habe eine Bitte.

Vokabeln

to agree	vereinbaren
appointment	Termin
to ask	fragen
assistance	Unterstützung
associate	Kollege, Kollegin

to be interested in something	sich für etwas interessieren
branch	Branche
business	Geschäft
to call back	zurückrufen
conference call	Telefonkonferenz
department	Abteilung
to enquire after	fragen nach
to expect	erwarten
information	Auskunft
purpose	Grund
question	Frage
recall	Rückruf
reason	Grund, Ursache
regarding	bezüglich
request	Bitte
to tell	sagen
to wonder	sich fragen

1.3 Private Telefongespräche führen

A: CISCOM. Good afternoon. This is Lisa. What can I do for you?	A: Firma CISCOM. Guten Tag! Lisa am Apparat. Was kann ich für Sie tun?
B: This is John Knox.	B: Hier spricht John Knox.

May I speak to Karen Jones?	Kann ich Karen Jones sprechen?
A: May I ask what your call is about?	A: Darf ich den Grund Ihres Anrufs erfahren?
B: It's personal.	B: Es ist privat.
C: Hello.	C: Hallo?
D: Hello Lisa! It's Tina.	D: Hallo Lisa! Hier spricht Tina.
C: Tina! What a nice surprise! I haven't heard from you in ages?	C: Tina! Wie schön! Ich habe schon ewig nichts mehr von dir gehört.
D: I know. I'm sorry. I've been very busy lately.	D: Ich weiß. Es tut mir Leid. Ich bin in der letzten Zeit sehr beschäftigt gewesen.
C: I know how that is. So how are you?	C: Ich kann das nachvollziehen. Wie geht es dir?
D: Great. I've got engaged.	D: Super. Ich habe mich verlobt.
C: How wonderful! To your childhood sweetheart?	C: Gratuliere. Mit deiner Jugendliebe?
D: Yeah. We are very happy. What about you? How are the kids?	D: Ja. Wir sind sehr glücklich. Und bei dir? Wie geht's den Kindern?
C: They're fine. Alex started school this year	C: Ihnen geht's gut. Alex hat dieses Jahr mit der

and Jane turned three last week.

Schule angefangen und Jane hatte letzte Woche ihren dritten Geburtstag.

D: How sweet. I would love to see them.

D: Wie süß. Ich würde sie gerne sehen.

C: Why don't you come round this weekend for lunch?

C: Hättest du Lust am Wochenende zu uns zum Mittagessen zu kommen?

Infobox

Informal Ways to Ask "How are you?"

How's it going?	**How have you been?**
What's up?	**What's going on?**
What's new?	**How are things?**

Redewendungen

It's a personal matter.

Es geht um eine private Angelegenheit.

I'm her husband.

Ich bin ihr Mann.

I'm his wife.

Ich bin seine Frau.

It's a personal call.

Es ist ein privates Gespräch.

Sorry, I haven't been in touch.

Es tut mir Leid, dass ich mich lange nicht gemeldet habe.

How are you?

Wie geht's dir?

Fine, thank you!

Danke, gut!

I would love to ...	Ich würde mich freuen ...
That would be great!	Das wäre super!
That would be so much fun!	Das wäre total lustig!
Would you like to come round?	Möchtest du vorbeikommen?
What are you doing tonight?	Was machst du heute Abend?
Do you want to see a film?	Möchtest du ins Kino gehen?
What have you been up to?	Was machst du denn so?
Have you heard the latest gossip?	Hast du den neuesten Tratsch gehört?
I wanted to invite you to our party.	Ich wollte dich zu unserer Party einladen.
I wanted to see how you were doing.	Ich wollte nur fragen, wie es dir geht.

Vokabeln

to catch up	jemanden auf den neuesten Stand bringen
to come round	vorbeischauen
date	Verabredung
family member	Familienangehörige(r)

to get together	sich treffen
gossip	Tratsch
great	großartig
to hear from someone	von jemandem hören
invitation	Einladung
to invite	einladen
to look forward to something	sich auf etwas freuen
matter	Angelegenheit
news	Neuigkeit
party	Fest
personal	privat
private	persönlich
weekend	Wochenende

1.4 Weiterverbinden

A: Good morning. SISCOM. This is Lisa. What can I do for you?

A: SISCOM. Guten Morgen. Hier spricht Lisa. Wie kann ich Ihnen behilflich sein?

B: Could you connect me with someone in sales?

B: Könnten Sie mich mit jemandem in der Verkaufsabteilung verbinden?

A: Sure. I'll put you

A: Gerne. Ich stelle Sie zu

through to our Sales Manager Ellen North. Please hold.	unserer Verkaufsleiterin Ellen North durch. Einen Moment, bitte.
A: I'm sorry. She's not at her desk. I'll transfer you to Mr Jones, our other Sales Manager. Please hold again.	A: Es tut mir Leid. Sie ist nicht am Platz. Ich verbinde Sie mit unserem anderen Verkaufsleiter, Herrn Jones. Bleiben Sie bitte dran.
C: This is Ronald Reed.	C: Hier spricht Ronal Reed.
B: Oh. I was supposed to be transferred to Mr Jones from sales.	B: Oh. Ich sollte mit Herrn Jones von der Verkaufsabteilung verbunden werden.
C: Lisa must have dialled the wrong extension. I'll connect you with Mr Jones. Just a moment.	C: Lisa hat wohl die falsche Durchwahl gewählt. Ich verbinde Sie jetzt mit Herrn Jones. Augenblick, bitte.

Infobox

May/Could/Can

"Could" and "can" are both possible for making requests or asking permission depending on the level of formality. Could is more polite than can. "Can you wait? – Können Sie warten? Could you wait? – Könnten Sie warten?" "May" is also used to ask or give permission. It is very polite and even more formal than "can" or "could".

Redewendungen

Can I put you through to his secretary?	Kann ich Sie mit seiner Sekretärin verbinden?
Who shall I say is calling?	Wen soll ich melden?
I'll connect you.	Ich stelle durch.
I'll put you through.	Ich stelle Sie durch./ Ich werde Sie weiterverbinden.
The line is free. I'll transfer you immediately.	Die Leitung ist frei. Ich stelle Sie jetzt durch.
I'll connect you with his voice mail.	Ich werde Sie mit seinem Anrufbeantworter verbinden.
What is his extension?	Wie lautet seine Durchwahl?
Do you have his direct line?	Haben Sie seine Durchwahl?
Could you hold for just a moment?	Könnten Sie einen Augenblick warten?
Please hold.	Bleiben Sie bitte in der Leitung.
Do you mind holding while I see if she is free?	Könnten Sie in der Leitung bleiben, während ich die Durchwahl probiere?
Sorry to keep you waiting.	Entschuldigen Sie, dass Sie warten mussten.

May I have your name?	Könnten Sie mir bitte Ihren Namen geben?
May I ask who is calling?	Darf ich fragen, wer am Apparat ist?

Vokabeln

to connect	verbinden
customer service	Kundenbetreuung
direct line	Durchwahl
finance	Finanzen
free	frei
head	Leiter(in)
head office	Zentrale
to hold	warten
immediately	sofort
line	Leitung
manager	Leiter, Manager
to mind	von etwas gestört werden
moment	Augenblick
on hold	in der Warteschleife
operator	Vermittlungszentrale
to put through	durchstellen
responsible for	zuständig für

to transfer	weiterverbinden
to try	versuchen
voice mail	Anrufbeantworter
to wait	warten
while	während
to check	nachschauen

1.5 Nachrichten hinterlassen und annehmen

A: Good afternoon. CISCOM. How may I help you?
B: This is Ron Winter from T-Bird. May I speak to Mr Jones?
A: He's at lunch right now. Can I take a message?
B: No. I'll just call back. What would be a good time to reach him?

A: He should be back around 2:00, but then

A: Firma CISCOM. Guten Tag. Wie kann ich Ihnen helfen?
B: Hier spricht Ron Winter von T-Bird. Kann ich Herrn Jones sprechen?
A: Er ist beim Mittagessen. Kann ich ihm etwas ausrichten?
B: Nein. Ich werde später noch einmal anrufen. Wann ist er am besten zu erreichen?
A: Er wird um 14:00 zurückkommen. Dann hat

he is in a meeting for an hour. I would suggest calling back around 3:30.
B: OK. I'll do that.

er aber für eine Stunde eine Besprechung. Ich schlage vor, es um 15:30 noch einmal zu probieren.
B: O.k. Das mache ich.

A: Good morning. CIS-COM. This is Susan.
B: This is Sandy Moore. Is Anne White there?

A: CISCOM. Guten Morgen. Susan am Apparat.
B: Hier spricht Sandy Moore. Ist Anne White zu sprechen?

A: I'm sorry. She's in a meeting. Can I take a message?

A: Es tut mir Leid. Sie ist in einer Besprechung. Kann ich ihr etwas ausrichten?

B: Yes. Could you ask her to call me back as soon as she gets a chance? It's important.

B: Gerne. Könnten Sie ihr sagen, dass sie mich zurückrufen soll, sobald sie eine Gelegenheit hat. Es ist wichtig.

A: Of course. Does she have your number?
B: She should have, but I'll give it to you anyway. It's 4921785 here in London
A: I'll be sure to tell her.

A: Natürlich. Hat sie Ihre Nummer?
B: Sollte sie. Aber ich gebe sie Ihnen noch einmal. Es ist die 4921785 hier in London.
A: Ich richte es ihr ganz sicher aus.

Infobox

Irregular Past Tenses

Remember the past forms of these verbs:

give = gave	leave = left	tell = told
hold = held	know = knew	make = made
ring = rang	speak = spoke	send = sent

Redewendungen

He's not at his desk at the moment.	Momentan ist er nicht an seinem Arbeitsplatz.
He's away on holiday.	Er ist im Urlaub.
He's not answering up his phone.	Er geht nicht an seinen Apparat.
He is away on business.	Er ist auf Geschäftsreise.
He's at an appointment outside the office.	Er ist zu einem Termin außer Haus.
She's just gone out.	Sie ist rausgegangen.
She's at lunch.	Sie ist beim Mittagessen.
He's on his lunch break.	Er macht gerade Mittagspause.
She is on another line.	Sie telefoniert auf einer anderen Leitung.
Her telephone is engaged/busy.	Ihr Telefon ist besetzt.
She's in an important meeting and can't be disturbed.	Sie sitzt in einem wichtigen Meeting und darf nicht gestört werden.

She's tied up at the moment.	Sie ist momentan sehr beschäftigt.
Would you like to ring (call) back?	Möchten Sie zurückrufen?
Could he call you back later?	Kann er Sie später zurückrufen?
Could she ring you back this afternoon?	Kann sie Sie heute Nachmittag vielleicht zurückrufen?
I will call back in two hours.	Ich werde in zwei Stunden zurückrufen.
I'll try again later.	Ich werde es später noch einmal probieren.
What time will you be in?	Wann werden Sie da sein?
What would be a good time to call?	Wann kann ich Sie am besten erreichen?
Would you like to leave a message?	Möchten Sie eine Nachricht hinterlassen?
Perhaps I could take a message.	Könnte ich ihm etwas ausrichten?
Can I please take a message?	Kann ich bitte etwas ausrichten?
May I take your name and number?	Kann ich Ihren Namen und Ihre Nummer aufschreiben?
Could you take a message for me?	Könnten Sie etwas aufschreiben?

Could I leave my number for ... to call me back?	Könnte ich meine Nummer hinterlassen, so dass ... mich zurückrufen kann?
Can you give him a message?	Könnten Sie ihm etwas ausrichten?
Could you pass a message on to her?	Könnten Sie ihr eine Nachricht weitergeben?
Could you tell him I called?	Könnten Sie ihm ausrichten, dass ich angerufen habe?

Vokabeln

away	weg, verreist
business trip	Geschäftsreise
closed	geschlossen
convenient	günstig
desk	Platz
to disturb	stören
earlier	früher
errand	Erledigung/ Besorgung
holiday	Urlaub
later	später
to leave	hinterlassen
lunch	Mittagessen
meeting	Besprechung
message	Nachricht

to pass on	weitergeben
to ring back	zurückrufen
seminar	Fortbildung
to take	aufschreiben, annehmen
to tell	ausrichten
today	heute
time	Uhrzeit
tomorrow	morgen
to try again	noch einmal versuchen

1.6 Schwierigkeiten beim Gespräch

A: Worldover Holding. This is Sue.

A: Worldover Holding, guten Tag. Hier spricht Sue.

B: Am I connected with Worldover Holding in London?

B: Bin ich mit Worldover Holding in London verbunden?

A: Hello? Hello? I can hardly hear you.

A: Hallo? Hallo? Ich kann Sie kaum hören.

B: I think the connection is bad. Shall I try calling you back?

B: Ich fürchte, die Leitung ist schlecht. Soll ich es noch einmal probieren?

A: Yes. Please do. Maybe the connection will be better.

A: Hello?
B: Hello. This is Ron Winter. Is that SISCOM?

A: Could you please speak more slowly?
B: Is that SISCOM?

A: I'm sorry. You have the wrong number.
B: Is that 248-8923?

A: No. The number here is 238-8923
B: Oh. I'm sorry to have troubled you.

A: Ja. Tun Sie das bitte. Vielleicht wird die Verbindung besser.

A: Hallo?
B: Hallo. Hier spricht Ron Winter. Bin ich bei SISCOM gelandet?
A: Könnten Sie bitte etwas langsamer sprechen?
B: Spreche ich mit der Firma SISCOM?
A: Es tut mir Leid. Sie haben sich verwählt.
B: Bin ich mit der Nummer 248-8923 verbunden?
A: Nein. Die Nummer hier ist 238-8923.
B: Oh. Entschuldigen Sie die Störung.

Infobox

American Phone Numbers

All US phone numbers have seven digits preceeded by a three digit area code. If you are calling an American number with more or less than ten digits (unless your are calling from outside the US) then you can be sure you have the wrong number.

Redewendungen

I'm sorry. You have the wrong number.	Es tut mir Leid. Sie haben sich verwählt.
No. This isn't the number you want.	Dies ist nicht die von Ihnen gewünschte Nummer.
The number has changed.	Die Nummer hat sich geändert.
She is no longer with the company.	Sie arbeitet nicht mehr in dieser Firma.
Do you have the right number?	Haben Sie die richtige Nummer gewählt?
You are in the wrong department.	Sie sind in der falschen Abteilung gelandet.
Can you connect me from there?	Könnten Sie mich von dort aus verbinden?
Unfortunately, I can't connect you from this phone.	Leider kann ich Sie von diesem Apparat aus nicht verbinden.
What number did you dial?	Welche Nummer haben Sie gewählt?
I must have dialled the wrong number.	Ich muss mich verwählt haben.
Sorry to have troubled you.	Entschuldigen Sie die Störung.
I can't hear you very clearly.	Ich höre Sie sehr schlecht.
The connection is bad.	Die Verbindung ist schlecht.

It's a bad line.	Die Leitung ist sehr schlecht.
There is an awful lot of interference.	Es ist sehr laut im Hintergrund.
I can hardly hear you.	Ich kann Sie wirklich kaum hören.
I can't seem to get through.	Ich komme irgendwie nicht durch.
The phone seems to be disconnected.	Das Telefon scheint abgestellt zu sein.
We were cut off.	Die Verbindung wurde getrennt.
Could you repeat your name, please?	Könnten Sie Ihren Namen noch einmal sagen?
Could you spell that?	Könnten Sie das buchstabieren?
I'm sorry. I didn't catch your name.	Es tut mir Leid. Ich habe Ihren Namen akustisch nicht verstanden.
Sorry. I didn't hear what you said.	Tut mir Leid. Ich habe nicht gehört, was Sie gesagt haben!
Could you speak more slowly?	Könnten Sie langsamer reden?
Could you speak up?	Könnten Sie etwas lauter sprechen?
Could you read that back to me?	Könnten Sie mir das noch einmal vorlesen?

Vokabeln

background	Hintergrund
to block	verhindern
busy	besetzt
to catch	verstehen
clearly	klar, deutlich
to collapse	zusammenbrechen
connection	Verbindung
to cut off	abschneiden
to disconnect	abstellen
to get through	durchkommen
hollow	hohl
interference	Störung
to interrupt	unterbrechen
louder	lauter
loudly	laut
to read back	noch einmal lesen
to repeat	wiederholen
slowly	langsam
soft	leise, schwach
to sound	klingen
to spell	buchstabieren
strange	sonderbar
to understand	verstehen
voice	Stimme

1.7 Ungeduld, Verärgerung oder Entschuldigung äußern

A: Good afternoon. CISCOM. This is Lisa.
B: Hello. This is Ron Winter again. I've been trying to get hold of Bob Greene all day.
A: He's not at his desk right now. May I take a message?
B: I've already left three messages for him to call me back. This is a very important matter.

A: I'm sorry. Bob has been in and out of meetings all day. I'm sure he'll call you as soon as he gets a chance.
B: I need an answer from him by 6 p.m. Don't forget to tell him that.
A: I certainly won't.

A: CISCOM. Guten Tag. Hier spricht Lisa.
B: Hier spricht noch einmal Ron Winter. Ich versuche den ganzen Tag, Bob Greene zu erreichen.
A: Er ist momentan nicht am Platz. Kann ich ihm etwas ausrichten?
B: Ich habe schon drei Nachrichten mit der Bitte um Rückruf hinterlassen. Es geht um eine wichtige Angelegenheit.
A: Es tut mir Leid. Bob ist den ganzen Tag in Besprechungen gewesen. Er wird Sie sicherlich zurückrufen, sobald er Luft hat.
B: Ich brauche eine Antwort bis 18:00. Vergessen Sie nicht, ihm das zu sagen.
A: Ich werde es sicherlich nicht vergessen.

B: The other secretary doesn't seem to be giving him his messages. This is totally unacceptable.	B: Die andere Sekretärin scheint ihm seine Nachrichten nicht zu geben. Dies ist gänzlich unakzeptabel.
A: I agree. I apologize and will say something to her.	A: Das stimmt. Es tut mir Leid. Ich werde mit ihr darüber reden.
B: Please do. Otherwise I will have to complain to her supervisor.	B: Tun Sie dies bitte. Sonst werde ich mich bei Ihrem Vorgesetzten beschweren müssen.
A: I'll make sure it doesn't happen again.	A: Ich sorge dafür, dass es nicht wieder vorkommt.
A: SISCOM. This is Lisa speaking. What can I do for you?	A: SISCOM. Hier spricht Lisa. Was kann ich für Sie tun?
B: I need to speak to Mr Jones. It's urgent.	B: Ich muss mit Herrn Jones sprechen. Es ist dringend.
A: He's not answering his phone. Can I take a message?	A: Er geht nicht ans Telefon. Kann ich ihm etwas ausrichten?
B: Is he in the building?	B: Ist er im Haus?
A: I think so. I can try paging him.	A: Ich denke ja. Ich kann versuchen, ihn auszurufen.

B: Please do. I have to speak to him now. There has been a new development.	B: Tun Sie das bitte. Ich muss ihn jetzt sprechen. Es gibt Neuigkeiten.

Infobox

ASAP

ASAP is an abbreviation for "As Soon As Possible". However, many people simply say the four letters. "I need to speak to him ASAP."

Redewendungen

This is the second (third, fourth etc.) time I've called this afternoon.	Dies ist das zweite (dritte, vierte usw.) Mal, dass ich heute Nachmittag angerufen haben.
I'm unhappy with the way things are handled in your company.	Ich bin unzufrieden mit der Art und Weise, wie manche Dinge in Ihrer Firma behandelt werden.
I'm very sorry.	Es tut mir sehr Leid.
It won't happen again.	Es wird nie wieder vorkommen.
This is unacceptable.	Dies ist unakzeptabel.
I'm very angry.	Ich bin sehr verärgert.
Let me speak to his supervisor.	Ich möchte mit seinem Vorgesetzten sprechen.

Please be patient.	Bitte haben Sie etwas Geduld.
We are doing our best.	Wir tun unser Bestes.
I will see what I can do.	Ich schaue, was ich machen kann.
I will pass your complaint on to the person responsible.	Ich werde Ihre Beschwerde an die zuständige Person weitergeben.
It's an emergency.	Es ist ein Notfall.
It can't wait.	Es kann nicht warten.
The matter is urgent.	Es ist eine dringende Angelegenheit.
I absolutely must speak to her.	Ich muss sie unbedingt sprechen.
She should call me as soon as possible.	Sie soll mich so bald wie möglich anrufen.
I'm in a hurry.	Ich habe es eilig.

Vokabeln

absolutely	unbedingt
to accomplish	erledigen
angry	verärgert
to apologize	sich entschuldigen
as soon as possible	umgehend
chance	Gelegenheit
to complain	sich beschweren

complaint	Beschwerde
complication	Schwierigkeit
to delay	verzögern
development	Entwicklung
disorganized	desorganisiert
dissatisfied	unzufrieden
efficient	effizient
effort	Bemühung
to happen	passieren
to hurry	sich beeilen
impatient	ungeduldig
impolite	unhöflich
to improve	verbessern
improvement	Verbesserung
incompetence	Inkompetenz
necessary	notwendig
patience	Geduld
polite	höflich
poor	schlecht
quality	Qualität
quickly	schnell
right now	sofort
rude	unhöflich
slow	langsam
supervisor	Vorgesetzte(r)
unacceptable	unakzeptabel
urgent	dringend

1.8 Ein Gespräch beenden

A: OK, Bob. I think we've covered everything in the contract. I will sign both copies and send them to you. Thanks for all your help.

A: O.k., Bob. Ich denke, wir haben alle Punkte im Vertrag besprochen. Ich werde beide Kopien unterschreiben und Ihnen zurückschicken. Vielen Dank für Ihre Hilfe.

B: No problem. Feel free to call if you need anything else. Otherwise I'll call you next week and we can start planning.

B: Nichts zu danken. Falls Sie noch etwas brauchen, rufen Sie einfach an. Sonst rufe ich Sie nächste Woche an und wir können anfangen zu planen.

A: Great. I'm looking forward to hearing from you. Till next week. Bye!

A: Super. Ich freue mich auf Ihren Anruf. Bis nächste Woche dann. Tschüss!

B: Bye! Thanks for your help.

B: Tschüss! Vielen Dank für Ihre Hilfe.

Infobox

Bye!

Unlike German, where "Auf Wiedersehen" is used in formal situations and "Tschüss" in informal situations, "Bye" is acceptable in business situations.

Redewendungen

I'll get back to you first thing tomorrow morning.	Ich melde mich sofort morgen früh bei Ihnen.
It's been nice talking to you.	Es war schön, mit Ihnen zu sprechen.
It was nice of you to call.	Es war nett von Ihnen, anzurufen.
Thank you for calling!	Vielen Dank für Ihren Anruf!
Sorry, I really must be going.	Entschuldigen Sie. Ich muss jetzt wirklich gehen.
I have to run.	Ich muss mich beeilen.
Must be going.	Ich muss jetzt Schluss machen.
I'm hard pressed for time.	Ich stehe unter Termindruck.
I have an appointment in a few minutes.	Ich habe gleich einen Termin.
Let's keep in touch.	Lassen Sie uns in Verbindung bleiben.
You'll be hearing from me.	Sie hören von mir.
I'll talk to you next week.	Ich rufe Sie nächste Woche an.
Give me a call next week.	Ruf mich irgendwann nächste Woche an.
That's about it for now.	Das wäre es im Augenblick.

I'll be in touch.	Ich melde mich bald wieder.
Just let us know if you need any help.	Sagen Sie einfach Bescheid, wenn Sie Hilfe brauchen.

Vokabeln

bye	tschüss
certainly	bestimmt
for now	im Augenblick
to get back to someone	sich bei jemandem melden
goodbye	auf Wiederhören/ auf Wiedersehen
in touch	in Kontakt
to let someone know	jemandem Bescheid geben
nice	nett
really	wirklich
sometime	irgendwann
soon	bald

2. Spezialgebiete des Telefonierens

2.1 Hintergrundinformationen

A: CISCOM. This is Ellen North. How can I help you?	A: CISCOM. Hier spricht Ellen North. Wie kann ich Ihnen helfen?
B: Hello. My name is Lyon Burke from ADMO. An associate of mine mentioned one of your products, the PM66, and I wanted to find out more about it.	B: Hallo. Ich heiße Lyon Burke von der Firma ADMO. Einer meiner Geschäftspartner erzählte mir von Ihrem Produkt, das PM66. Ich wollte gerne mehr darüber erfahren.
A: Sure. What would you like to know?	A: Gerne. Was möchten Sie wissen?
B: First of all, could you tell me a little more about your company? I have never heard of you before.	B: Zuerst würde ich gerne etwas mehr über Ihr Unternehmen erfahren. Ich habe noch nie etwas über Sie gehört.
A: We are a young company. Only one year old. We specialize in software for procurement	A: Wir sind ein junges Unternehmen, erst ein Jahr alt. Wir sind auf Software Lösungen für

departments. We have a total of 200 employees. Our headquarters are here in London, but we have branch offices in Berlin, New York and San Francisco.

B: Do you have any print material about your company that you could send me?

A: Sure. I can send you our company brochure. Our first annual report is not out yet.

B: The brochure is fine. About the PM66: Is this solution also suitable for small companies?
A: Yes. Several of our customers have only ten employees.
B: Our company has some specific needs ...

den Einkauf spezialisiert. Wir sind insgesamt 200 Mitarbeiter. Unser Hauptsitz ist hier in London, aber wir haben auch Zweigstellen in Berlin, New York und San Francisco.
B: Haben Sie vielleicht Unterlagen über Ihr Unternehmen, die Sie mir zukommen lassen könnten?
A: Klar. Ich kann Ihnen unsere Unternehmensbroschüre schicken. Leider ist unser erster Jahresbericht noch nicht veröffentlicht worden.
B: Die Broschüre reicht. Jetzt zum PM66: Ist diese Lösung auch für kleine Firmen geeignet?
A: Ja. Manche unserer Kunden haben nur zehn Mitarbeiter.
B: Unsere Firma hat spezielle Bedürfnisse ...

A: No problem. We can tailor the solution to suit.	A: Kein Problem. Wir können die Lösung an Ihre Firma anpassen.
B: I would like to read up on the product. Could you also send me some sales literature?	B: Ich möchte mich etwas einlesen. Könnten Sie mir auch Verkaufsmaterial zu genau diesem Produkt schicken?
A: Sure.	A: Gerne.

Infobox

False Friends

"Unternehmen" is not translated into "undertaking" in English. "Undertaking" is actually "Leichenbestattung"! "Company" is used in English instead.

Redewendungen

Allgemeine Informationen über ein Unternehmen

How many people are employed at your company?	Wie viele Mitarbeiter sind bei Ihrer Firma angestellt?
How many people work in your company?	Wie viele Leute arbeiten in Ihrer Firma?
How big is your company?	Wie groß ist Ihre Firma in etwa?

How many countries do you export to?	In wie viele Länder exportieren Sie?
In what countries do you have affiliates?	In welchen Ländern haben Sie Tochtergesellschaften?
Could I have a copy of last year's annual report?	Könnte ich eine Kopie des Geschäftsberichts bekommen?
Where is your company's head office?	Wo ist Ihre Zentrale?
Does your company have any branch offices?	Hat Ihre Firma auch Zweigstellen?
What exactly does your company do?	Was genau macht Ihr Unternehmen?
What is your market share in ...?	Welchen Marktanteil haben Sie in ...?
I'm sorry. That is confidential information.	Es tut mir Leid, aber das sind vertrauliche Informationen.
I am not at liberty to disclose that.	Ich bin nicht befugt, diese Information weiterzugeben.

Die Produktpalette

What exactly is your product range?	Wie genau sieht Ihre Produktpalette aus?
Can I ask you about your product range?	Kann ich Sie etwas zu Ihrem Produktspektrum fragen?

Do you specialize in any particular products?	Haben Sie sich auf bestimmte Produkte spezialisiert?
Could this model be used for ...?	Könnte man dieses Modell für ... verwenden?
Is this model suitable for ...?	Ist dieser Typ für ... geeignet?
I'm interested in its technical specifications, too.	Ich bin auch an den technischen Details interessiert.
How about its capacity?	Wie sieht es mit der Kapazität aus?
How is its performance?	Wie ist die Leistung?
Is this model available in different sizes?	Ist dieses Modell in verschiedenen Größen erhältlich?
Is it possible for you to make customized models?	Fertigen Sie eventuell auch maßgeschneiderte Produkte an?

Bitte um Unterlagen

Could you send me a brochure?	Könnten Sie mir eine Broschüre zukommen lassen?
Have you got a leaflet about the product?	Haben Sie einen Prospekt über das Produkt?
Could you send me some sales literature?	Könnten Sie mir Verkaufsmaterial schicken?

Do you have a press kit that you could send me? | Hätten Sie eine Pressemappe, die Sie mir schicken könnten?

Infobox

Informations
Unlike German, there is no plural form for the word "information". However, you can say "bits of information" or "pieces of information" when you want to express information in the plural. Example: I would like some information about the object. Ich hätte gerne Informationen zum Objekt. I've received different pieces of information. Ich habe verschiedene Informationen bekommen.

Vokabeln

affiliate	Tochtergesellschaft
annual report	Jahresbericht
at liberty	befugt
branch office	Zweigstelle
brochure	Broschüre
capacity	Kapazität
company	Unternehmen
confidential	vertraulich
contact person	Ansprechpartner
detail	Detail

detailed	ausführlich
to disclose	aussagen
example	Beispiel
figures	Zahlen
to find out more about something	mehr über etwas erfahren
general	allgemein
head office	Hauptsitz
informational	Info-
legal form	Rechtsform
location	Ort
market share	Marktanteil
model	Modell
number of employees	Mitarbeiterzahl
owner	Inhaber
pamphlet	Prospekt
press kit	Pressemappe
producer	Hersteller
product spectrum	Produktpalette
publicly listed	an der Börse notiert
report	Bericht
sales literature	Verkaufsmaterial
shareholder	Aktionär
specific	spezifisch
specifications	genaue Angaben

2.2 Anfragen und Angebote

A: YP-COM-BUSINESS. This is Ellen Jones speaking.
B: This is Liam Leeds calling from FRYCAM. I saw some of your products demonstrated at the trade fair in Hannover last week and was wondering if you could quote me a price.

A: YP-COM-BUSINESS. Sie sprechen mit Ellen Jones.
B: Hier ist Liam Leeds. Ich rufe von der Firma FRYCAM an. Ich habe letzte Woche auf der Messe in Hannover einige Ihrer Produkte gesehen und wollte fragen, ob Sie mir ein Angebot machen könnten.

A: What exactly are you interested in?

A: Wofür genau interessieren Sie sich denn eigentlich?

B: We would need 20 copies of your procurement software. Do you offer a quantity discount?

B: Wir würden 20 Kopien von Ihrer Einkaufssoftware kaufen. Bieten Sie eventuell einen Mengenrabatt an?

A: Yes. For orders of more than ten copies we offer a 15% discount.

A: Ja. Für Bestellungen über zehn Kopien bieten wir Ihnen einen Rabatt von 15% an.

B: What are your delivery terms?

B: Was sind Ihre Lieferbedingungen?

A: For a first order, we insist on Cash against Documents minus a 2% cash discount.
A: Für eine erste Bestellung bestehen wir auf Kasse gegen Dokumente abzüglich 2% Skonto.

A: Could you quote me a non-binding price over the telephone?
A: Könnten Sie mir über das Telefon einen unverbindlichen Preis sagen?

B: Sure. Your order would cost about 7,000.
B: Gerne. Ihre Bestellung würde 7.000 kosten.

A: Is that Euro?
A: Ist das der Preis in Euro?

B: All our prices are in dollars.
B: Alle unsere Preise sind in Dollar gerechnet.

A: Is that gross or net?
A: Brutto oder netto?

B: All of our prices include 13% VAT.
B: All unsere Preise enthalten 13% Mehrwertsteuer.

A: If we order further copies at a later date, do we have to pay for them Cash against Documents?
A: Falls wir weitere Kopien zu einem späteren Zeitpunkt benötigen, müssen wir sie Kasse gegen Dokumente bezahlen?

A: No. Then payment is due 14 days upon receipt of the invoice.
A: Nein. Dann ist die Zahlung 14 Tage nach Erhalt der Rechnung erforderlich.

B: Could you please send me a non-binding offer
B: Könnten Sie mir vielleicht ein unverbindliches,

in writing and a current price list?	schriftliches Angebot und eine aktuelle Preisliste zukommen lassen?
B: Sure, no problem.	B: Gerne, kein Problem.

Infobox

False Friends

"Actual" in English and "aktuell" in German are not the same. "Aktuell" is translated as "current", while "actual" is translated as "tatsächlich".

Redewendungen

I would like to enquire about your prices.	Ich möchte mich über Ihre Preise informieren.
I'd like to know your prices and terms.	Ich würde mich gerne nach Ihren Preisen und Bedingungen erkundigen.
Please let us know your terms of trade.	Informieren Sie uns auch über Ihre Geschäftsbedingungen.
Are you prepared to offer a discount?	Sind Sie bereit, einen Rabatt anzubieten?
Could you let us have a firm offer?	Könnten Sie uns ein Festangebot machen?
Is last year's price list still valid?	Ist die Preisliste vom letzten Jahr noch gültig?

We would be interested in ...	Wir sind an ... interessiert.
Do you stock such items?	Führen Sie solche Artikel?
We would like to receive an offer for ...	Wir hätten gerne ein Angebot für ...
Send us a detailed offer based on ...	Schicken Sie uns Ihr detailliertes Angebot über ...
Please quote on the basis of a monthly shipment of 200 parts.	Bitte machen Sie Ihr Angebot auf der Basis einer regelmäßigen, monatlichen Menge von 200 Teilen.
We have received your enquiry.	Wir haben Ihre Anfrage bekommen.
Thank you for your interest in our products.	Vielen Dank für Ihr Interesse an unseren Produkten.
On what terms should we quote?	Zu welchen Bedingungen sollen wir anbieten?
Should we base our offer on full shipments or smaller quantities?	Sollen wir auf der Basis von kompletten Sendungen oder kleineren Mengen anbieten?
All our prices are quoted in dollars.	Alle Preise sind in Dollar errechnet.
All our prices are inclusive of VAT.	Alle unsere Preise verstehen sich mit Mehrwertsteuer.
Our general payment term is Letter of Credit.	Unsere allgemeinen Zahlungsbedingungen lauten gegen Akkreditiv.

We will send you our latest price list.	Wir lassen Ihnen unsere neueste Preisliste zukommen.
We offer a quantity discount for orders of more than 1,000 parts.	Wir bieten einen Mengenrabatt für Bestellungen über 1.000 Teile an.
Add 10% to the price quoted for CIF.	Schlagen Sie 10% auf den angebotenen Preis für CIF auf.
This offer is subject to availability.	Dieses Angebot gilt, solange der Vorrat reicht.
Is this offer of interest to you?	Ist dieses Angebot für Sie von Interesse?
We can only offer Cash against Documents less 3% discount.	Wir können nur Kasse gegen Dokumente, abzüglich 3% Skonto anbieten.
Our prices are FOB German port including packing.	Unsere Preise verstehen sich FOB deutscher Hafen einschließlich Verpackung.

Infobox

Abbreviations
CIF (Cost Insurance Freight) = Kosten, Versicherung, Fracht
FOB (Free On Board) = The supplier pays the transportation costs for the goods until they are on board of ship. The recipient of the goods pays the rest of the freight costs.

Vokabeln

as follows	wie folgt
to base	basieren
to be prepared	bereit sein
Cash against Documents	Kasse gegen Dokumente
cash discount	Skonto
credit period	Zahlungszeitraum
delivery terms	Lieferbedingungen
early order discount	Frühdispositions-rabatt
enquiry	Anfrage
favourable	günstig
firm	verbindlich
firm offer	verbindliches Angebot
freight	Fracht
to get information	sich informieren
gross	brutto
in advance	im Voraus
in stock	vorrätig
insurance	Versicherung
in writing	schriftlich
to learn about	sich erkundigen nach
less	abzüglich

Letter Of Credit	Akkreditiv
net	netto
non-binding	unverbindlich
offer	Angebot
order	Bestellung
payment terms	Zahlungsbedingungen
price list	Preisliste
quantity discount	Mengenrabatt
to quote	ein Angebot machen
recipient	Empfänger
repeat order	Folgebestellung
shipment	Sendung
to stock	führen
subject to	solange
subject to change	unverbindlich
to submit	unterbreiten
supplier	Lieferant
terms	Bedingungen
trade discount	Händlerrabatt
terms of trade	Geschäftsbedingungen
unit price	Stückpreis
VAT (Value Added Tax)	Mehrwertsteuer

2.3 Bestellungen

A: Best Cables. This is John. What can I do for you?
B: This is Frank from CISCOM. We would like to place an order.

A: Best Cables. Hier spricht John. Was kann ich für Sie tun?
B: Hier spricht Frank von CISCOM. Wir würden gerne eine Bestellung aufgeben.

A: For which item?
B: 2000 meters of the steel reinforced ultra cable and 5000 metres of the regular electric cable.

A: Für welchen Artikel?
B: 2000 Meter der mit Stahl versehenen Ultra Kabel und 5000 Meter der normalen elektrischen Kabel.

A: The prices would be per our current price list dated January 1st.
B: No. I spoke to Mr Leon yesterday. He assured me we would receive a quantity discount of 5%.

A: Die Preise entsprechen unserer aktuellen Preisliste vom 1. Januar.
B: Das ist nicht möglich. Ich habe gestern mit Herrn Leon gesprochen, und er hat mir zugesagt, dass wir einen Mengenrabatt von 5% bekommen würden.

A: I'll have to check with him.
B: Please fly this order

A: Ich muss es mit ihm abklären.
B: Bitte fliegen Sie

to London and bill us for the freight.

diesen Auftrag nach London und stellen Sie uns die Fracht in Rechnung.

A: OK, fine.

A: Gut. Alles klar.

B: Could you please confirm dispatch date and price by return fax?

B: Bitte bestätigen Sie uns den Versandtermin und den Preis sofort per Fax.

B: Of course. After I have spoken to Mr Jones.

B: Natürlich. Sobald ich mit Herrn Jones gesprochen habe.

A few hours later ...

Einige Stunden später ...

A: Hi Frank. This is John. I spoke to Mr Leon.

A: Hallo Frank. Hier spricht John. Ich habe mit Herrn Leon gesprochen.

B: What did he say?

B: Was hat er gesagt?

A: That the 5% discount is correct.

A: Dass der 5% Rabatt in Ordnung geht.

B: That's wonderful! When should the delivery reach us?

B: Wunderbar! Wann können wir die Lieferung erwarten?

A: Well, if we dispatch the cables by the end of this week, you should have them by Monday.

A: Nun. Wenn wir die Kabel bis Ende dieser Woche versenden, müssten Sie sie bis Montag haben.

B: Very good. We really need them.

B: Gut. Wir brauchen sie dringend.

A: One Way, Oklahoma. This is Tom McDumber.	A: Firma One Way aus Oklahoma. Hier spricht Tom McDumber.
B: Hi Tom. This is Jerry from CISCOM. We received your order and I just wanted to let you know that we can fulfil it. We checked everything.	B: Hallo Tom. Hier spricht Jerry von CISCOM. Wir haben Ihre Bestellung erhalten und wollten Ihnen mitteilen, dass wir sie erfüllen können. Wir haben alles geprüft.
A: Great. I was wondering if you could rush the delivery, so that we can install the solution before the end of the month.	A: Super. Ich wollte fragen, ob Sie die Lieferung beschleunigen könnten, so dass wir die Installation der Lösung vor Monatsende abschließen können?
B: I'm sorry, Tom. That won't be feasible. Customizing the solution for your company takes time. The earliest we can manage is the 10th of next month.	B: Es tut mir Leid, Tom. Das ist nicht machbar, da wir die Lösung an die Bedürfnisse Ihrer Firma anpassen müssen. Wir können frühestens am 10. des kommenden Monats liefern.
B: Well, OK. I guess we'll have to accept that deadline.	B: Nun gut. Dann müssen wir diesen Termin akzeptieren.

Vokabeln

to accept	annehmen
account	Kundenkonto
bill	Rechnung
to bill	in Rechnung stellen
bill of lading	Konnossement
to clear customs	verzollen
commission	Provision
to confirm	bestätigen
consignment	Warenlieferung
customs	Zoll
deadline	Frist
delivery date	Liefertermin
to dispatch	versenden
estimated	voraussichtlich
ex works	ab Werk
F.A.O.	z. Hd.
feasible	machbar
to forward	verschicken
forwarding agent	Spediteur
to fulfil	erfüllen
goods	Waren
item	Artikel
liable	haftbar
method of payment	Zahlungart
order	Bestellung

to order	bestellen
payee	Zahlungsempfänger
to place	aufgeben
ready for delivery	versandfertig
to reserve	vorbehalten
shipment	Lieferung
to supply	liefern
terms of payment	Zahlungsbedingungen
time allowed for payment	Zahlungsfrist

Redewendungen

We would like to place an order.	Wir möchten eine Bestellung aufgeben.
Please accept the following order.	Bitte nehmen Sie den folgenden Auftrag an.
What is the earliest delivery date?	Was ist der früheste Liefertermin?
How soon can you deliver?	Wie schnell können Sie liefern?
We reserve the right to cancel the order if ...	Wir behalten uns das Recht vor, die Bestellung zurückzunehmen, wenn ...

We will hold you responsible for any loss arising from delayed delivery.	Wir werden Sie für alle Verluste, die wegen Lieferungsverzögerung entstehen, haftbar machen.
The goods can surely be delivered immediately upon receipt of your order.	Die Waren können sicher sofort nach Eingang Ihrer Bestellung geliefert werden.
Our commission will be 5%.	Unsere Provision wäre 5%.
The price includes the usual discount of 10%.	Der übliche 10%-Rabatt ist im Preis enthalten.
The price is as per your offer dated September 5th.	Der Preis ist gemäß Ihrem Angebot vom 5. September.
The consignment will be ready for delivery within three days.	Die Waren werden innerhalb von drei Tagen versandfertig sein.
We can fulfil the order within a month.	Wir können den Auftrag innerhalb von einem Monat erfüllen.
Delivery will be on November 9th ex works.	Die Lieferung wird am 9. November ab Werk erfolgen.
Please bill us for the freight.	Bitte stellen Sie uns die Fracht in Rechnung.
Please confirm in writing.	Bitte bestätigen Sie dies schriftlich.

What is the dispatch date?	Wann ist der Versandtermin?
We can confirm the order as stated.	Wir können den Auftrag so bestätigen.
How should we forward this order?	Wie sollen wir diesen Auftrag verschicken?
Someone must be in the office to accept the goods.	Jemand muss im Büro sein, um die Waren anzunehmen.
Is a specific forwarding agent named?	Wird ein bestimmter Spediteur genannt?
We will forward the bill of lading as soon as possible.	Wir werden das Konnossement sofort weiterleiten.
The goods still need to clear customs.	Die Waren müssen immer noch verzollt werden.
In which port will the goods arrive?	In welchem Hafen werden die Waren denn ankommen?
How long will the delivery take?	Wie lange wird die Lieferung dauern?
We will dispatch the items at the end of next week.	Wir werden die Artikel Ende nächster Woche zum Versand bringen.
The shipment consists of ten boxes.	Die Lieferung besteht aus zehn Kartons.
Please send the order F.A.O. ...	Bitte schicken Sie die Bestellung zu Händen von ...

Infobox

Abbreviations
F.A.O. (For Attention Of) = zu Händen von
ETA (Estimated Time of Arrival) = voraussichtlicher Ankunftstermin
ETD (Estimated Time of Departure) = voraussichtlicher Auslieferungstermin

2.4 Am Ball bleiben

A: Good afternoon, LONTO. This is Regina.
B: Hi Regina. This is Ellen Jones calling from UWX. I sent you a fax three days ago with a price quotation for our procurement solution. Have you had a chance to look at it?

A: LONTO, Guten Tag. Hier spricht Regina.
B: Hallo Regina. Hier spricht Ellen Jones von UWX. Ich habe Ihnen vor drei Tagen ein Fax geschickt mit einem Angebot für unsere Einkaufslösung. Haben Sie die Gelegenheit gehabt, es anzuschauen?

A: I'm sorry. I've been on a business trip and today is my first day back in the office. I saw the fax but haven't been able to read it.

A: Es tut mir Leid. Ich war verreist und heute ist mein erster Tag im Büro. Ich habe das Fax gesehen, aber ich habe bisher keine Gelegenheit gehabt, es zu lesen.

B: OK. Why don't you settle in and I will call you the day after to-morrow.
A: That would be good. Thanks.

B: O.k., dann leben Sie sich erst einmal wieder ein und ich werde Sie in zwei Tagen anrufen.
A: Das wäre nett. Danke.

A: CISCOM. This is Roger.
B: Hi Roger. This is Joan, John Niles' secretary. I was wondering if you had received the documents for the contract.

A: CISCOM, hier spricht Roger.
B: Hallo Roger. Hier spricht Joan, die Sekretärin von John Niles. Ich wollte fragen, ob Sie die Unterlagen zum Vertrag bekommen haben.

A: No. I haven't yet.

A: Nein, bis jetzt noch nicht.

B: That's odd. I sent them registered post. I will call the post office and check.

B: Das ist komisch. Ich habe sie per Einschreiben geschickt. Ich werde die Post anrufen und es prüfen.

A: That would be good. There were sensitive documents in there.
A: The post office should be able to trace the letter. I will call

A: Das wäre gut. Es waren wichtige Unterlagen in der Sendung.
A: Die Post muss den Brief zurückverfolgen können. Ich werde sie

them and call you back once I know what happened.	anrufen und Ihnen Bescheid sagen, sobald ich weiß, was passiert ist.

Redewendungen

I wanted to check if ...	Ich wollte nachhaken, ob ...
Did you receive our note?	Haben Sie unsere Mitteilung bekommen?
I didn't get the fax.	Ich habe das Fax nicht bekommen.
The letter never got here.	Der Brief kam nie hier an.
The letter never arrived.	Der Brief ist nie angekommen.
I haven't had a chance to ...	Ich habe keine Gelegenheit gehabt, zu ...
Could you check back tomorrow?	Könnten Sie sich morgen noch einmal melden?
Could I get back to you in a couple of days?	Darf ich mich bei Ihnen in ein paar Tagen melden?
Are you sure you sent it to the right address?	Sind Sie sicher, dass Sie es an die richtige Adresse geschickt haben?
Did you send it to my personal fax number?	Haben Sie es an meine Direktfaxnummer geschickt?
I'll ask the reception.	Ich frage am Empfang.

Vokabeln

advice note	Benachrichtigung
arrival	Eingang
call for action	Handlungsbedarf
to check	nachhaken
to check back	noch einmal fragen
comment	Kommentar
to decide	entscheiden
decision	Entscheidung
documents	Unterlagen
feedback	Rückmeldung
to find out	erfahren
to follow-up	weiterverfolgen
further	weiter(e)
mailing	Sendung
note	Mitteilung
opinion	Meinung
reaction	Reaktion
to receive	bekommen
registered post	per Einschreiben
right	richtig
to send	verschicken
sensitive	heikel, wichtig
step	Schritt
sure	sicher
to trace	zurückverfolgen

2.5 Mahnungen

A: This is Ned. How can I help you?
B: This is Ron Wood calling from T-Bird. I am calling to enquire about the status of our order from June 1st. The order confirmation states that delivery should have taken place on June 5th. Today is June 10th and we have received nothing.
A: This order was dispatched yesterday. There were some problems in the programming department, so we could not deliver earlier.
B: We are stuck here without that software.

A: I'm very sorry for any inconvenience this delay has caused.

A: Ned am Apparat. Wie kann ich Ihnen helfen?
B: Hier spricht Ron Wood von T-Bird. Ich rufe an wegen unseres Auftrags vom 1. Juni. In der Auftragsbestätigung steht der 5. Juni als Liefertermin. Heute haben wir den 10. Juni und wir haben immer noch nichts bekommen.

A: Dieser Auftrag wurde gestern versandt. Es gab Probleme beim Programmieren und wir konnten deshalb nicht früher liefern.
B: Wir können ohne diese Software nicht weitermachen.
A: Wir entschuldigen uns für die Unannehmlichkeiten, die diese Verzögerung verursacht hat.

A: Redwood. You are connected with Anne in accounting.

A: Firma Redwood. Sie sind mit Anne in der Buchhaltungsabteilung verbunden.

B: This is John calling from CISCOM regarding non-payment of invoice number 2325.

B: Hier spricht John von CISCOM. Ich rufe wegen der bisher unbezahlten Rechnung Nr. 2325 an.

A: Hello John. I was going to call you. I contacted the bank. You haven't received the money yet due to a bank error. We transfered the money again and you should have it by the end of the week.

A: Hallo John. Ich wollte Sie anrufen. Ich habe unsere Bank kontaktiert. Sie haben das Geld wegen eines Bankfehlers nicht bekommen. Wir haben das Geld noch einmal überwiesen. Es sollte bis Ende der Woche auf dem Konto sein.

B: I hope so. If not, we will have to take legal action.

B: Ich hoffe es. Sonst werden wir rechtliche Schritte einleiten müssen.

Infobox

Contractions

Although it is not proper to use contractions while writing, it is perfectly acceptable to use them when talking or during telephone conversations.

Here are some of the most frequently used:

I am = I'm	will not = won't
you are = you're	do not = don't
it is = it's	have not = haven't
are not = aren't	

Redewendungen

The background to this issue is ...	Der Hintergrund dieser Problematik ist ...
We are still waiting for our delivery.	Wir warten immer noch auf unsere Lieferung.
This order was due to be dispatched on the 10th of March.	Dieser Auftrag sollte am 10. März zum Versand kommen.
Can you give me any idea of when the order will arrive?	Können Sie mir ungefähr sagen, wann die Lieferung ankommen wird?
We're in urgent need of the goods.	Wir brauchen die Waren ganz dringend.
Could you maybe dispatch part of the order?	Könnten Sie eventuell eine Teillieferung vornehmen?
This could cause contractual problems for us.	Dies könnte zu vertragsrechtlichen Problemen führen.

Infobox

Different Methods of Payment

cash in advance	Vorauszahlung
cash on delivery (COD)	per Nachname
bank guarantee	Bankgarantie
pro forma invoice	Pro-forma-Rechnung

I'm calling about the overdue payment.	Ich rufe wegen der überfälligen Zahlung an.
We'll transfer the money this afternoon.	Wir überweisen Ihnen das Geld heute Nachmittag.
The cheque must have got lost in the post.	Der Scheck muss in der Post verloren gegangen sein.
Our records show that the invoice has still not been paid.	Laut unseren Unterlagen ist die Rechnung immer noch nicht bezahlt worden.
We actually paid the bill last week.	Wir haben die Rechnung eigentlich letzte Woche bezahlt.
I will contact our bank to ask why there has been a delay.	Ich werde Kontakt mit unserer Bank aufnehmen und nach dem Grund der Verzögerung fragen.
We must receive at least a part payment.	Wir brauchen zumindest eine Teilzahlung.

We have many outstanding obligations. The accounting department will only release this order for shipment after we receive a copy of your cheque/transfer.	Wir haben viele Schulden zu begleichen. Die Buchhaltung wird diesen Auftrag zur Lieferung nur freigeben, wenn wir eine Kopie des Schecks/der Überweisung bekommen haben.
I'm rather disappointed that ...	Ich bin sehr enttäuscht, dass ...
I understand your point of view.	Ich verstehe Ihren Standpunkt.

Vokabeln

account balance	Kontostand
accounts	Buchhaltung
anger	Ärger
to assure	versichern
at least	zumindest
bank account	Bankkonto
bank error	Bankfehler
bank statement	Kontoauszug
cheque	Scheck
circumstances	Umstände
contractual	vertragsrechtlich
customer service	Kundendienst
due	fällig

extenuating cirumstances	höhere Gewalt
invoice	Rechnung
lack	Mangel
obligations	Verpflichtungen
on time	rechtzeitig
order confirmation	Auftragsbestätigung
outstanding	fällig
overdue	überfällig
to overlook	übersehen
paid up	beglichen
part payment	Teilzahlung
payment	Zahlung
priority	Priorität
to promise	versprechen
ready	fertig
remaining amount	Restposten
reminder	Mahnung
request for payment	Zahlungsaufforderung
schedule	Terminliste
status	Stand
to transfer	überweisen
unpaid	unbezahlt

2.6 Verkaufsgespräche

A: EEZEE. This is Lucy.

B: Hello Lucy. This is Ellen Miller from Trelow. You had expressed interest in our products.

A: Yes. Could you tell me about your procurement software?

B: Well, Lucy. Effective procurement is one of the most important factors for companies who wish to be competitive in today's market, since there is significant potential for cost saving in this area. Our innovative software solution helps you optimize your procurement and take advantage of increased savings.

A: But there are many procurement solutions already on the market.

A: Firma EEZEE. Hier spricht Lucy.

B: Hallo Lucy. Hier spricht Ellen Miller von Trelow. Sie zeigten für unsere Produkte Interesse?

A: Ja. Könnten Sie mir etwas über Ihre Software für den Einkauf erzählen?

B: Nun Lucy. Effektiver Einkauf ist einer der wichtigsten Faktoren für Unternehmen, die auf dem heutigen Markt konkurrenzfähig sein möchten, da hier viel Sparpotential liegt. Unsere innovative Software-Lösung ermöglicht Ihrem Unternehmen, den Einkauf zu optimieren und die Vorteile von gestiegenen Ersparnissen zu nutzen.

A: Aber es gibt bereits einige Lösungen für den Einkauf auf dem Markt.

Why is yours better?

B: Our solution has been proofed to be the most user-friendly and we offer an extensive after-sales program, which accompanies you through the installation and operation of the solution.
Plus we offer the highest quality at the best price. If you like, I could come to your office and demonstrate the product to you.
Then you can see for yourself that our product is just the thing for your company.

A: I would like that. I'll call you to set up an appointment.

B: OK. Thank you very much!

Warum ist Ihr Produkt besser?
B: Unsere Lösung ist erwiesenermaßen die benutzerfreundlichste und wir bieten ein umfangreiches Kundenbetreuungsprogramm an, das den Kunden bei der Installation und der Inbetriebnahme begleitet.
Darüber hinaus bieten wir die höchste Qualität zum besten Preis. Wenn Sie möchten, könnte ich vorbeikommen und Ihnen das Produkt zeigen.
Sie werden dann selber überzeugt sein, dass unser Produkt genau das Richtige für Ihr Unternehmen ist.
A: Das hört sich gut an. Ich rufe Sie an und wir können einen Termin vereinbaren.
B: O.k. Und vielen Dank!

Vokabeln

advanced	fortschrittlich
advantage	Vorteil
after-sales service	Kundenservice
bargain	Schnäppchen
to beat	unterbieten
to buy	kaufen
client	Kunde, Kundin
to compare	vergleichen
competitor	Wettbewerber
to convince	überzeugen
demand	Nachfrage
demands	Bedürfnisse
to demonstrate	zeigen
descriptive literature	Anschauungsmaterial
development	Entwicklung
to emphasize	betonen
free	gratis
growth	Wachstum
high quality	hochwertig
to increase	steigern
innovative	innovativ
introductory offer	Einführungsangebot

market leader	Marktführer
offer	Angebot
optimal	optimal
product line	Produktlinie
range	Bandbreite
sales	Absatz, Verkauf
sample	Muster
savings	Ersparnisse
to sell	verkaufen
solution	Lösung
special offer	Sonderangebot
to test	probieren
trial	Probe
user-friendly	benutzerfreund-lich

Redewendungen

Our prices are very low.	Unser Preise sind sehr niedrig.
There is a heavy demand for our products this year.	Es gibt dieses Jahr eine große Nachfrage nach unseren Produkten.
Our prices can't be beaten.	Unsere Preise können nicht unterboten werden.
You will be getting a good deal with us.	Sie werden ein gutes Geschäft mit uns machen.

You won't have any problems selling our products to your clients.
Sie werden kein Problem haben, unsere Produkte an Ihre Kunden zu verkaufen.

Our new product line should meet with a ready market.
Unsere neue Produktlinie dürfte guten Absatz finden.

Are you satisfied with your present supplier?
Sind Sie mit Ihrem jetzigen Lieferanten zufrieden?

Our products offer a saving of 20%.
Mit unseren Produkten können Sie 20% sparen.

In today's business world you need to be competitive.
Man muss auf dem heutigen Markt konkurrenzfähig sein.

Our products are under warranty for ten years.
Unsere Produkte haben zehn Jahre Garantie.

We produce high-quality products.
Wir produzieren hochwertige Produkte.

We use the most advanced technology.
Wir benutzen die fortschrittlichste Technologie.

We are in close contact with the market.
Wir arbeiten nahe an den Bedürfnissen des Markts.

We manufacture a wide range of products.
Wir stellen eine breite Produktpalette her.

We invest a lot of money in research and development.
Wir investieren viel in Forschung und Entwicklung.

We are market leaders.	Wir sind Marktführer.
Our products offer high quality at an affordable price.	Unsere Produkte bieten hohe Qualität zu einem bezahlbaren Preis.
Our software is user-friendly.	Unsere Software ist benutzerfreundlich.
Our prices are competitive.	Unsere Preise sind konkurrenzfähig.
Our product is just the thing.	Unser Produkt ist genau das Richtige.
We offer excellent after-sales service.	Wir bieten ausgezeichnete Kundenbetreuung.
Take advantage of this favourable offer.	Nutzen Sie dieses vorteilhafte Angebot.
Don't hesitate.	Zögern Sie nicht.
Increase your profits.	Steigern Sie Ihren Gewinn.
Increase your company's productivity.	Steigern Sie die Produktivität Ihrer Firma.
This is a special offer.	Dies ist ein Sonderangebot.
The product comes with many extra features.	Es werden Zusatzleistungen mit diesem Produkt geliefert.
Would you like to test the product for two weeks at no charge?	Möchten Sie das Produkt kostenlos zwei Wochen lang ausprobieren?

Our product is better than the competitors'.	Unser Produkt ist besser als das unserer Konkurrenten.
You won't find a better deal anywhere.	Sie finden nirgendwo ein so gutes Angebot.

2.7 Verhandlungen und Geschäftsabschluss

A: CISCOM. This is Joe.	A: CISCOM. Hier spricht Joe.
B: Hi Joe. This is Bob from Riley's. I read over your suggestion for the cooperation agreement for our companies. We are definitely interested in cooperating with CISCOM, but we disagree with some points of the agreement.	B: Hallo Joe. Hier spricht Bob von der Firma Riley's. Ich habe Ihren Vorschlag für die Kooperationsvereinbarung unserer Firmen gelesen. Wir sind wirklich an einer Kooperation mit CISCOM interessiert, aber wir können einigen Punkten in dem Vertrag nicht zustimmen.
A: Which points?	A: Welche Klausel?
B: Well. In the section about the payment period. We think a 14 day payment period is too little.	B: Naja. In dem Absatz über die Zahlungsfrist. Wir empfinden eine Zahlungsfrist von 14 Tagen als zu kurz.

A: What would you suggest?
B: How about 30 days?

A: Was würden Sie vorschlagen?
B: Wie wäre es mit 30 Tagen?

A: We can't accept that. Why don't we compromise on 21 days?

A: Das können wir nicht akzeptieren. Wie wäre es mit 21 Tagen als Kompromiss?

B: We can accept that. But there's another point. We think that instead of setting the term of contract at five years, we should make the period one year with the option of renewal at the end of the year.

B: Das können wir annehmen. Aber es gibt noch einen Punkt. Wir fänden es besser, wenn die Vertragslaufzeit von fünf Jahren auf ein Jahr gesetzt wird, mit der Option auf Verlängerung am Jahresende.

A: We are not too happy with that idea, but since we are keen on doing business with you we will accept it, provided that three months notice be given if one of the parties does not intend to extend the contract.

A: Wir finden diese Idee nicht toll, aber da wir wirklich daran interessiert sind, mit Ihnen ins Geschäft zu kommen, werden wir es annehmen, vorausgesetzt, dass die Absicht einer Partei, den Vertrag nicht zu verlängern, drei Monate im Voraus angekündigt wird.

B: That's fine. We have no other objections to the agreement. If you also have none, you could prepare the original contracts for signature.

B: In Ordnung. Wir haben keine weiteren Einwände. Falls Sie auch keine haben, könnten Sie die Originalverträge für die Unterschrift vorbereiten.

A: I'll do that. We're looking forward to doing business with you.

A: Mache ich. Wir freuen uns darauf, Geschäfte mit Ihnen zu machen.

Vokabeln

to agree	zustimmen
agreement	Vereinbarung
arrangement	Übereinkunft
to avoid	vermeiden
clause	Klausel
to close a deal	ein Geschäft abschließen
common	gemeinsam
compromise	Kompromiss
to conclude	abschließen
confident	sicher
contract	Vertrag
to contradict	widersprechen
deadlock	Sackgasse
deal	Geschäft

decision	Entscheidung
demands	Anforderungen
difficult	schwierig
to disagree	nicht zustimmen
to do business with	Geschäfte machen mit
mutual	gegenseitig
to negotiate	verhandeln
to object	Einspruch erheben
objection	Einwand
paragraph	Absatz
partnership	Partnerschaft
point of view	Ansicht
proposal	Vorschlag
proposition	Antrag
provided that	vorausgesetzt, dass
reasonable	vernünftig
to reject	ablehnen
to resolve	lösen
to settle	sich einigen
signature	Unterschrift
to think about	über etwas nachdenken
valid	gültig
viable	brauchbar

Redewendungen

Diskutieren

You are right.	Sie haben Recht.
I'm very taken with your ideas.	Ich bin von Ihren Ideen sehr angetan.
I disagree.	Ich stimme nicht zu.
I cannot share your point of view.	Ich kann Ihre Ansicht nicht teilen.

Zeit gewinnen

We will think about it.	Wir werden darüber nachdenken.
We will have to check with our legal advisor.	Wir müssen mit unserer Rechtsberatung Rücksprache halten.
We are not quite ready.	Wir sind noch nicht fertig.
We will delay our decision until our boss returns.	Wir werden unsere Entscheidung bis zur Rückkehr unseres Chefs verschieben.

Kompromisse suchen

Is that acceptable as a compromise solution?	Ist das als Kompromisslösung akzeptabel?

I'm sure that we can agree on ...	Ich bin sicher dass wir uns wegen ... einigen können.
We are ready to compromise as long as ...	Wir sind sehr kompromissbereit, solange Sie ...
I am confident we can solve this.	Ich bin mir sicher, dass wir das lösen können.
It is in our common interest to form a partner-ship.	Es liegt in unserem gemeinsamen Interesse, miteinander zu kooperieren.
How about this for an idea?	Was halten Sie davon?
We are very interested in this deal.	Wir sind an diesem Geschäft wirklich interessiert.

Einen Kompromiss annehmen

I think we could agree to your conditions.	Ich denke, wir könnten Ihren Bedingungen zustimmen.
We would accept that on the condition that ...	Wir würden es annehmen unter der Bedingung, dass ...
We could, provided that ...	Wir könnten das tun, vorausgesetzt, dass ...
We have no objections.	Wir haben keine Einwände.
Today we are more than ready to accept this proposal.	Heute sind wir durchaus bereit, diesen Vorschlag anzunehmen.

That seems to be a reasonable compromise.	Das scheint uns ein vernünftiger Kompromiss zu sein.
We wish to come to a fair arrangement.	Wir möchten zu einer fairen Übereinkunft kommen.
We will accept that price on the condition that you order one shipment a month.	Wir stimmen diesem Preis unter der Voraussetzung zu, dass Sie eine Lieferung pro Monat bestellen.

Einen Kompromiss ablehnen

You put us in a difficult position.	Sie bringen uns in eine schwierige Lage.
We find your terms unacceptable.	Wir finden Ihre Bedingungen unakzeptabel.
We must reject your offer.	Wir müssen Ihr Angebot ablehnen.
This is not a viable solution.	Dies ist keine brauchbare Lösung.
We would like to avoid a deadlock but ...	Wir möchten eine Sackgasse vermeiden, aber ...
This is the best offer we can make you.	Dies ist das beste Angebot, dass wir Ihnen unterbreiten können.
This is our final offer.	Dies ist hiermit unser letztes Angebot.

Ein Geschäft abschließen

I think we can all agree to the terms and conditions in this form.	Ich denke, wir können alle den Bedingungen in dieser Form zustimmen.
We can prepare the contracts for signing.	Wir können die Verträge zur Unterschrift vorbereiten.
We are looking forward to doing business with you.	Wir freuen uns auf die Zusammenarbeit mit Ihnen.
We have a deal!	Wir sind ins Geschäft gekommen!

2.8 Reisebuchung

A: Best Travel. This is Sarah. How can I help you?	A: Best Travel. Hier spricht Sarah. Wie kann ich Ihnen helfen?
B: Hi. Sarah. This is Lisa from CISCOM. I need to make travel arrangements for some of my colleagues.	B: Hi, Sarah. Hier ist Lisa von CISCOM. Ich muss für ein paar Kollegen eine Reise buchen.
A: OK. Why don't you give me the number of people and their travel dates first?	A: O.k. Am besten sagen Sie mir die Anzahl der Reisenden und deren Reisedaten zuerst?
B: OK. I will need flights for two persons.	B: Ich bräuchte Flüge für zwei Personen.

Richard Jones and Robert Green from New York to Frankfurt leaving on the 27th.
A: Is this a oneway ticket or return?

B: Just oneway. They will be returning from Paris on the 3rd of May.
A: OK. I will look and see what the best prices are for those dates. Economy or Business Class?

B: Definitely Business Class.
A: I have seats on a direct flight to Frankfurt leaving at 3 p.m.
And return flights from Paris leaving at 11 a.m. on the 3rd of May.

B: What does that cost?
A: $1500 per ticket.
B: That is expensive! I will have to check

Richard Jones und Robert Green von New York nach Frankfurt am 27.

A: Ist dies nur ein Hinflug oder möchten Sie auch den Rückflug?
B: Nur einen Hinflug. Sie werden von Paris am 3. Mai zurückfliegen.
A: Gut. Ich werde nach den besten Preisen für diese Daten schauen. Touristen- oder Businessklasse?
B: Unbedingt Businessklasse.
A: Ich habe Plätze für einen Direktflug nach Frankfurt. Der Flug geht um 15 Uhr. Und Rückflüge von Paris. Die Maschine geht am 3. Mai um 11 Uhr.
B: Was kostet das?
A: 1500 $ pro Flugticket.
B: Das ist sehr teuer! Ich muss nachfragen, ob

if that price is OK.	dieser Preis in Ordnung ist.
A: The planes are almost full. I will need a decision within the next few hours.	A: Die Maschinen sind fast voll. Ich werde innerhalb der nächsten Stunden eine Entscheidung brauchen.
B: Can you reserve the seats for me and I will let you know within an hour if you should book them?	B: Könnten Sie die Plätze reservieren und ich werde Ihnen innerhalb einer Stunde Bescheid geben, ob Sie sie buchen sollen?
A: I can do that. Do you need anything else?	A: Das kann ich machen. Brauchen Sie noch etwas?
B: Thanks for reminding me. I will need hotel rooms in Frankfurt and Paris. Frankfurt from the 27th till the 29th and in Paris from the evening of the 29th until the morning of May 3rd.	B: Gut, dass Sie mich daran erinnern. Ich bräuchte Hotelzimmer in Frankfurt und Paris – in Frankfurt vom 27sten bis 29sten und in Paris vom 29sten abends bis zum 3. Mai morgens.
A: Single rooms?	A: Einzelzimmer?
B: Double rooms and non-smoking. Can you see if there are rooms available at our usual hotels and if we can get the company rate?	B: Doppel- und Nichtraucherzimmer. Könnten Sie schauen, ob bei unseren üblichen Hotels Zimmer frei sind und ob wir den Firmenpreis bekommen?

A: I will have to check on that and call you back. How about I call you in an hour?

A: Ich muss nachschauen und werde Sie in einer Stunde zurückrufen. Ist das O.k.?

B: That would be great. In the meantime, I can see if the flights are OK with my colleagues, so I can give you a definitive answer when we speak.

B: Das wäre super. In der Zwischenzeit werde ich meine Kollegen fragen, ob die Flüge in Ordnung gehen, so dass ich Ihnen eine verbindliche Zusage geben kann, wenn wir uns das nächste Mal sprechen.

A: Till then!

A: Bis später!

Vokabeln

arrival	Ankunft
breakfast	Frühstück
business traveller	Geschäftsreisende(r)
cancellation fee	Stornogebühr
to charge	abbuchen
to check in	einchecken
to check out	auschecken
connecting flight	Anschlussflug
delay	Verspätung

departure	Abreise
destination	Reiseziel
direct flight	Direktflug
double room	Doppelzimmer
economy class	Touristenklasse
excess baggage	Übergepäck
facilities	Komfort
flight	Flug
full board	Vollpension
included	inklusive
one way	Hinfahrt/-flug
plane	Flugzeug
rate	Tarif
to rent	mieten
return	Rückreise, Hin- und Rückfahrt/-flug
seat	Platz
shuttlebus	Pendelbus
single room	Einzelzimmer
sold out	ausgebucht
stopover	Aufenthalt
surcharge	Zuschlag
travel information	Reisedaten
travel plans	Reisepläne
vacancy	freies Zimmer

Redewendungen

Flüge reservieren

I'd like to find out about the flights to ...	Ich möchte mich gerne wegen Flügen nach ... erkundigen.
When does the next flight to ... leave?	Wann geht der nächste Flug nach ...?
When is the next plane to ...?	Wann geht die nächste Maschine nach ...?
Are there direct flights to ...?	Gibt es eine direkte Flugverbindung nach ...?
Do you have a service from ... to ...?	Fliegen Sie von ... nach ...?
Could you book me on an early morning flight to ...?	Könnten Sie mir einen frühen Morgenflug nach ... buchen?
Are there still seats available?	Sind noch Plätze frei?
The plane is all booked up.	Die Maschine ist ausgebucht.
Is there a connecting flight to ...?	Gibt es einen Anschlussflug nach ...?
What does excess luggage cost?	Was kostet Übergepäck?
Is it possible to change my ticket?	Kann ich eventuell mein Ticket umtauschen?

When is the check in time?	Wann kann ich einchecken?
Is that local time?	Ist das Ortszeit?

Hotelreservierungen

Do you have any vacancies?	Haben Sie freie Zimmer?
I would like to book a room.	Ich würde gerne ein Zimmer buchen.
We have singles and doubles.	Wir haben Einzel- und Doppelzimmer.
I would need the room for three nights.	Ich bräuchte das Zimmer für drei Nächte.
Will there be a restaurant and a bar?	Gibt es ein Restaurant und eine Bar?
How can I get there from the train station?	Wie komme ich vom Hauptbahnhof aus dorthin?
We would like to reserve a conference room.	Wir würden gerne einen Konferenzraum reservieren.
I'd like a room with a private bath.	Ich möchte ein Zimmer mit Bad buchen.
What facilities do your rooms offer?	Mit welchem Komfort sind Ihre Zimmer ausgestattet?
Does your hotel provide presentation equipment?	Bietet Ihr Hotel Präsentationsausrüstung an?

How much do you charge for a single room?	Was kostet ein Einzelzimmer?
How much is the room per day?	Wie viel kostet das Zimmer pro Tag?
What's the surcharge for a double room?	Wie hoch ist der Doppelzimmerzuschlag?
What credit cards do you take?	Welche Kreditkarten nehmen Sie?
Please charge everything to my account.	Bitte schreiben Sie das alles auf meine Rechnung.
Is there a cancellation free?	Gibt es eine Stornogebühr?
Please charge the room to my credit card.	Bitte buchen Sie das Zimmer von meiner Kreditkarte ab.
I'm sorry. We're fully booked.	Es tut mir Leid. Wir sind völlig ausgebucht.
Could you recommend another hotel in the vicinity?	Könnten Sie mir ein anderes Hotel in der Nähe empfehlen?

2.9 Terminvereinbarung

A: CyberLP. Bob Tailor's office. How can I help you?	A: CyberLP. Sekretariat von Bob Tailor. Was kann ich für Sie tun?

B: This is Ron Dencel here. I would like to make an appointment with Bob Tailor sometime this week.

B: Hier spricht Ron Dencel. Ich würde gerne einen Termin mit Bob Tailor für diese Woche vereinbaren.

A: Bob is on holiday this week. What about next week?

A: Bob ist diese Woche im Urlaub. Wie wär's mit nächster Woche?

B: I'm pretty busy next week, but I have time Tuesday afternoon. Would that be OK?

B: Mein Terminplan für nächste Woche ist ziemlich voll. Ich hätte aber Zeit am Dienstag Nachmittag. Geht das?

A: Do you mind holding for a moment while I check his appointment book?

A: Würde es Ihnen etwas ausmachen, in der Leitung zu bleiben, während ich in seinem Terminkalender nachschaue?

B: Not at all.

B: Nein, natürlich nicht.

A: Thanks for waiting. He has a window between 3 and 5 p.m. on Tuesday afternoon.

A: Danke für Ihre Geduld. Er hätte Dienstag Nachmittag von 15 bis 17 Uhr Zeit.

B: That's great. Pencil me in for the entire two hours.

B: Wunderbar. Tragen Sie mich bitte für die ganzen zwei Stunden ein.

A: OK. Shall I call you on Tuesday morning to

A: O.k. Soll ich Sie am Dienstag Morgen anrufen,

remind you of the meeting?
B: No. But could you call my secretary and ask her to write the appointment in my diary? I'm calling from my mobile.
A: Sure.
B: Great. Thank you very much.

um Sie an den Termin zu erinnern?
B: Nein. Könnten Sie aber meine Sekretärin anrufen und sie bitten, den Termin in meinen Kalender einzutragen. Ich rufe von meinem Mobiltelefon an.
A: Gerne.
B: Wunderbar. Vielen Dank.

A: CyberLP. This is Bob Tailor.
B: Bob. It's Ron. I'm sorry, but I can't make our meeting on Friday. I have to go to Brazil to deal with a problem at one of our factories. I should be there for about five days. Could we set up a new appointment after that?

A: Firma CyberLP. Hier spricht Bob Tailor.
B: Bob. Ron am Apparat. Es tut mir Leid, aber ich werde unseren Termin am Freitag nicht einhalten können. Ich muss nach Brasilien, um ein Problem in einer unserer Fabriken zu regeln. Ich werde fünf Tage bleiben. Könnten wir einen neuen Termin danach vereinbaren?

B: Sure. How about Monday 25th? The same time and place?

B: Klar. Wie wäre es mit Montag, den 25. Selbe Zeit und selber Ort?

A: Sounds good. See you then.
B: See you!

A: Hört sich gut an. Bis dann!
B: Bis dann!

Infobox

When?
Here are some other ways of asking about a good time to meet:
What time would be good for you?
What time would be best for you?
What would be the most convenient time for you?

Redewendungen

May I come and visit you?	Kann ich Sie besuchen kommen?
Could we arrange a meeting?	Könnten wir ein Treffen arrangieren?
I would like an appointment to see her.	Ich hätte gern einen Termin bei ihr.
Would it be possible to make an appointment with her?	Ist es möglich, einen Termin mit ihr zu vereinbaren?
I suggest that we meet at the airport.	Ich schlage vor, dass wir uns am Flughafen treffen.
Would you like to come to Berlin?	Möchten Sie nach Berlin kommen?

I think we should meet.	Ich glaube, wir sollten uns treffen.
We should talk about this face to face.	Wir sollten dies persönlich besprechen.
When could we meet?	Wann könnten wir uns treffen?
What time would suit you?	Wann würde es Ihnen passen?
Is next Monday OK with you?	Passt Ihnen nächsten Montag?
Let me check my appointment book.	Lassen Sie mich in meinem Terminkalender nachschauen.
I'll check with my secretary.	Ich frage bei meiner Sekretärin nach.
Do you have any appointments on that day?	Haben Sie irgendwelche Termine an dem Tag?
Ten o'clock next Friday?	Freitag um 10 Uhr?
I'll see if she's free.	Ich sehe nach, ob sie Zeit hat.
I can't make it tomorrow.	Ich werde es morgen nicht schaffen.
I am going to have to cancel our appointment.	Ich muss unseren Termin morgen absagen.
Can we reschedule?	Können wir einen neuen Termin machen?
Can we postpone the appointment?	Können wir den Termin verschieben?

He's in other meetings till 1 p.m.	Er ist bis 13 Uhr in anderen Sitzungen.
Could we make it a bit earlier?	Ginge es etwas früher?
Thursday is bad. How about Wednesday?	Donnerstag ist schlecht. Wie wäre es denn mit Mittwoch?
Should we say Monday at 1 p.m. Let me ask ... if she can make it as well.	Sollen wir Montag um 13 Uhr sagen? Lassen Sie mich bei ... nachfragen, ob Sie auch kommen kann.
Can you join us on Wednesday at 9 a.m.?	Könnten Sie am Mittwoch um 9 Uhr teilnehmen?
Where should we meet?	Wo sollen wir uns denn treffen?
Why don't you come to my office?	Könnten Sie bitte zu mir ins Büro kommen?
Why don't we discuss it over dinner?	Warum besprechen wir es nicht bei einem Abendessen?

Infobox

Telling the Time

In the English language, the 12 hour clock and not the 24 clock is used. In order to be clear, a.m. or p.m. is used or the time of day is included (5 in the morning or 10 at night).

Vokabeln

appointment book	Terminkalender
back	zurück
to check with	nachfragen bei
convenient	günstig
to decline	absagen
early	früh
face to face	persönlich
late	spät
to make an appointment	einen Termin vereinbaren
next	nächste(r,s)
to participate	teilnehmen
to pencil in	eintragen
to remind	an etwas erinnern
to set up (a time)	vereinbaren
sometime	irgendwann
to suit	passen
time slot	Zeitspanne
until	bis
to visit	besuchen
when	wann
window	Zeitfenster

2.10 Einladungen

A: CISCOM. This is Anne.	A: CISCOM. Hier spricht Anne.
B: Hello, Anne. This is Tina from WNBO. We have moved into our new building and wanted to invite you to the "office-warming" party.	B: Hallo Anne! Hier spricht Tina von WNBO. Wir sind in unsere neuen Büroräume eingezogen und wollten Sie zur Einweihungsparty einladen.
A: How nice! When is it?	A: Wie schön. Wann findet sie statt?
B: On Monday, January 27th. The party starts at 6 p.m.	B: Am Montag, den 27. Januar. Die Feier fängt um 18 Uhr an.
A: I don't have any appointments then. However, you never know what can happen. When do I have to R.S.V.P.?	A: Ich habe bisher keine Termine. Jedoch weiß man nie, was passieren kann. Bis wann muss ich Bescheid geben?
B: We would be grateful if you could let us know by the 24th so that we can plan.	B: Wir wären sehr dankbar, wenn Sie es uns bis zum 24. sagen könnten, so dass wir planen können.
A: I can do that. Is there a dress code?	A: Das mache ich. Gibt es eine Kleiderordnung?

B: Regular office clothes. No formal dress. It's just a chance for our customers to see our new office.

B: Normale Bürokleidung. Keine Abendgarderobe. Die Party ist einfach eine Chance für unsere Kunden, das neue Büro kennen zu lernen.

A: OK. I'll let you know on time. Thanks again for the invitiation.

A: Gut. Ich werde Ihnen rechtzeitig Bescheid geben. Vielen Dank noch einmal für die Einladung.

Infobox

R.S.V.P.

R.S.V.P. is actually an abbreviation of the French "repondez s'il vous plait". The expression usually is placed at the end of a written invitation. However, it can also be used in spoken English as a verb.

"Please R.S.V.P. for the dinner by Sunday."

Redewendungen

We would like to invite you to ...

Wir möchten Sie gerne zu einem ... einladen.

Let us know ...!

Sagen Sie uns bitte Bescheid!

I might not be able to come.

Es könnte sein, dass ich nicht kommen kann.

Do you have anything planned?	Haben Sie schon etwas vor?
We were wondering if you would like to join Mr. ... for dinner.	Wir wollten fragen, ob Sie Herrn ... zum Abendessen treffen möchten.
We are pleased to invite you to ...	Wir freuen uns, Sie zu ... einladen zu dürfen.
Would you be interested in attending our event?	Hätten Sie Interesse, an unserer Veranstaltung teilzunehmen?
R.S.V.P.	um Antwort wird gebeten
We would like to invite you to visit our premises.	Wir möchten Sie einladen, unsere Geschäftsräume zu besuchen.
The lunch will take place at the Adria at 1 p.m.	Das Mittagessen wird um 13:00 im Adria stattfinden.
The dinner will be in honour of our youngest chairman.	Das Abendessen ist zu Ehren unseres jüngsten Vorstandsvorsitzenden.
Thank you for your kind invitation.	Vielen Dank für Ihre nette Einladung.
We would be happy to come.	Wir kommen gerne.
We would be honoured.	Wir würden uns geehrt fühlen.

Vokabeln

to accompany	begleiten
banquet	Bankett
beginning	Beginn
business attire	Geschäftskleidung
casual	legere
catering	Gastronomie
to decline	absagen
dinner	Abendessen
dress code	Kleiderordnung
end	Ende
engagement	Verpflichtung
evening dress	Abendkleidung
formal dress	Gesellschafts- kleidung
head count	Gästezahl
honour	Ehre
house-warming	Einweihung
invitation letter	Einladungs- schreiben
lecture	Vortrag
occasion	Anlass
premises	Geschäftsräume
reception	Empfang
to respond	Bescheid geben
to take place	stattfinden
thanks	Dank

2.11 Wegbeschreibung

A: CISCOM. This is Lisa. How can I help you?

A: CISCOM. Guten Tag. Hier spricht Lisa. Wie kann ich Ihnen helfen?

B: This is Ron Winter. I have an appointment with Bob Greene this afternoon and I was wondering how I get to your office from the main train station.

B: Hier spricht Ron Winter. Ich habe heute Nachmittag einen Termin mit Bob Greene und wollte fragen, wie ich Ihr Büro vom Hauptbahnhof aus erreichen kann.

A: It's not hard at all. I would suggest taking the tube. Take Line 5 in the direction of Trower Square. Get off at Reddy Street. It is the third or fourth stop.

A: Es ist überhaupt nicht schwer. Am besten fahren Sie mit der U-Bahn. Fahren Sie mit der Linie 5 Richtung Trower Square. Steigen Sie an der Haltestelle Reddy Street aus. Es ist die dritte oder vierte.

B: Where can I buy a ticket?

B: Wo kann ich ein Ticket kaufen?

A: There are machines right in front of the entrance to the tube. You will only need to buy a ticket for one zone.

A: Es gibt Automaten vor dem Eingang zur U-Bahn. Sie werden eine Karte für eine Zone brauchen.

B: What do I do when I have reached Reddy Street?

B: Was mache ich, nachdem ich die Haltestelle Reddy Street erreicht habe?

A: Walk in the opposite direction of the train. Take the escalator. When you get to the top take the left exit. You can see our building once you get outside. We are on the fifth floor.

A: Gehen Sie gegen die Fahrtrichtung. Nehmen Sie die Rolltreppe. Wenn Sie oben sind, nehmen Sie den linken Ausgang. Sie können unser Gebäude sehen, sobald Sie die Oberfläche erreicht haben. Wir befinden uns im 5. Stock.

B: That sounds easy.

B: Das klingt einfach.

A: If you get lost, feel free to call me and I will direct you here.

A: Falls Sie sich verlaufen, zögern Sie sich nicht, mich anzurufen. Ich werde Sie dann hinführen.

Infobox

Drive, Ride, Take

Unlike German, where the verb "fahren" is used for every type of transport, in English different verbs are used for different ways of getting around:

to take the bus/tube/train

to drive a car

to ride the bus/tube/train (American English)

Redewendungen

How do I get to your office?	Wie komme ich zu Ihrem Büro?
What is the best way to get to the hotel?	Wie komme ich am besten zum Hotel?
What's the fastest way to the airport?	Wie komme ich am schnellsten zum Flughafen?
Should I use public transport?	Soll ich mit öffentlichen Verkehrsmitteln fahren?
Can someone pick me up from the station?	Könnte mich jemand vom Bahnhof abholen?
Is a taxi to you expensive?	Wird es teuer, mit dem Taxi zu Ihnen zu fahren?
Which office is yours?	In welchem Büro sitzen Sie?
Which motorway exit should I take?	Welche Autobahnausfahrt soll ich nehmen?
In which direction should I drive?	In welche Richtung soll ich fahren?
Which motorway should I take?	Welche Autobahn soll ich nehmen?
We are not far from the airport.	Wir liegen nicht weit vom Flughafen entfernt.
At which stop should I get off?	Bei welcher Haltestelle soll ich aussteigen?
Should I turn left or right at the crossroads?	Soll ich an der Kreuzung links oder rechts abbiegen?

Turn right at the lights.	An der Ampel biegen Sie rechts ab.
Walk in the direction of traffic.	Gehen Sie in Fahrtrichtung.
We are at the second crossroads.	Wir sind an der zweiten Kreuzung.

Vokabeln

bus	Bus
description	Beschreibung
crossroads (British English)	Kreuzung
direction	Richtung
to drive	fahren
elevator (American English)	Fahrstuhl
entrance	Eingang
escalator	Rolltreppe
exit	Ausgang, Ausfahrt
floor	Etage
flow of traffic	Fahrtrichtung
to get on	einsteigen
to get lost	sich verlaufen
to get off	aussteigen
intersection (American English)	Kreuzung
left	links

lift (British English)	Fahrstuhl
motorway	Autobahn
to pick up	abholen
public transport	öffentliche Verkehrsmittel
right	rechts
station	Bahnhof
stop	Haltestelle
straight ahead	geradeaus
to take	fahren
ticket	Fahrkarte
traffic light	Ampel
tube (subway)	U-Bahn

2.12 Beschwerden

A: Volmond Office Supplies. This is Jean. How can I help you?	A: Volmond Office Supplies. Hier spricht Jean. Wie kann ich Ihnen helfen?
B: This is Lisa calling from CISCOM. We have a problem with our company's most recent order.	B: Hier spricht Lisa von CISCOM. Wir haben ein Problem mit der letzen Bestellung unserer Firma.
A: What's the problem?	A: Was ist das Problem?

B: We ordered five toner cartridges and only three were delivered.
A: Oh dear. I'm sorry about that. Let me check if the delivery note was typed correctly ... no ... five cartriges are listed here. There must have been a mistake in the packing department that day.

B: The problem is, we are out of toner again!

A: I'll tell you what I'll do. I'll rush deliver you two more cartridges right now so you will have them tomorrow morning and we will only bill you for three cartridges instead of five.
B: That is acceptable for us. But it should not

B: Wir haben fünf Tonerkassetten bestellt, aber nur drei wurden geliefert.
A: Ach du meine Güte. Es tut mir sehr Leid. Ich prüfe gerade nach, ob der Lieferschein richtig getippt wurde ... doch ... fünf Kassetten sind hier angegeben. Es muss an diesem Tag einen Fehler in der Verpackungsabteilung gegeben haben.
B: Das Problem ist, dass uns der Toner gerade heute wieder ausgegangen ist!
A: Ich schlage Ihnen etwas vor. Ich schicke Ihnen per Eilsendung zwei weitere Kassetten. Sie werden morgen früh bei Ihnen sein. Darüber hinaus werden wir Ihnen nur drei Kassetten in Rechnung stellen.
B: Das können wir annehmen. So etwas darf nicht

happen again. Otherwise, we will have to change suppliers.	noch einmal passieren. Sonst müssen wir den Lieferanten wechseln.

Vokabeln

alternative	Alternative
annoyance	Verdruss
to cancel	stornieren
claim	Reklamation
complaint	Beschwerde
condition	Zustand
correct	richtig
to credit	gutschreiben
damage	Schaden
damages	Schadenersatz
difficulty	Schwierigkeit
disorganized	desorganisiert
embarrassing	unangenehm
error	Irrtum
to exchange	austauschen
faulty	fehlerhaft
incompetence	Inkompetenz
incompetent	inkompetent
inconvenience	Unannehmlichkeit
inefficient	ineffizient
legal action	rechtliche Schritte

mistake	Fehler
oversight	Versehen
particularities	Einzelheiten
position	Lage
refund	Geldrückgabe
to reimburse	Kosten erstatten
to replace	ersetzen
replacement	Ersatz
to resend	erneut senden
return	Reklamation
service	Dienstleistung
staff	Personal
standard	Niveau
tolerance level	Toleranzgrenze
unpleasant	unangenehm

Redewendungen

I would like to complain.	Ich möchte mich beschweren.
I'm afraid I have to make a complaint.	Leider muss ich eine Beschwerde einreichen.
We are sorry to inform you that ...	Leider müssen wir Sie informieren, dass ...
We demand a refund.	Wir verlangen unser Geld zurück.

The department's incompetence ruined the presentation.	Die Inkompetenz der Abteilung hat die Präsentation ruiniert.
The staff was rude and unhelpful.	Das Personal war unhöflich und überhaupt nicht hilfsbereit.
This circumstance caused considerable inconvenience.	Diese Situation führte zu erheblichen Unannehmlichkeiten.
There must be some mistake.	Es muss irgendwo ein Fehler unterlaufen sein.
We were sent the wrong quantity.	Wir haben die falsche Menge zugeschickt bekommen.
We are having difficulty with the printer we bought last month.	Wir haben Probleme mit dem Drucker, den wir letzten Monat gekauft haben.
We can not accept these faulty goods.	Wir können diese fehlerhafte Ware nicht annehmen.
The machine does not work.	Die Maschine funktioniert nicht.
The amount on the invoice is incorrect.	Die Rechnungssumme ist falsch.
There is a discrepancy between the goods delivered and your invoice.	Die gelieferten Waren stimmen nicht mit Ihrer Rechnung überein.

The delay places us in an embarrassing position.	Der Verzug bringt uns in eine unangenehme Lage.
Several of the items are damaged.	Einige Artikel sind beschädigt.
The quality is not within our tolerance level.	Die Qualität liegt nicht innerhalb unserer Toleranzgrenze.
The quality is unacceptable.	Die Qualität ist nicht akzeptabel.
The quality is below your usual standards.	Die Qualität ist unter Ihrem gewöhnlichen Standard.
This has been a matter of great annoyance to me.	Diese Angelegenheit hat mir viel Verdruss bereitet.
We are very sorry about the error.	Der Fehler tut uns sehr Leid.
It won't happen again.	Es wird nie wieder vorkommen.
Thank you for calling our attention to this error.	Danke, dass Sie uns auf diesen Fehler aufmerksam gemacht haben.
Let me note the full particulars.	Lassen Sie mich die Einzelheiten notieren.
The faulty items will be exchanged.	Die mangelhaften Waren werden ausgetauscht.
We are sending you a replacement.	Wir schicken Ihnen einen Ersatz.

A new consignment is being rushed to you today.	Eine neue Sendung geht Ihnen heute auf schnellstem Wege zu.
Please return the goods at our expense for credit.	Bitte senden Sie die Waren auf unsere Kosten gegen eine Gutschrift zurück.
We have refunded the money to your account.	Wir haben das zu erstattende Geld auf Ihr Konto überwiesen.
We have sent a refund cheque.	Wir haben einen Scheck zur Rückerstattung geschickt.
I understand your annoyance.	Wir verstehen Ihre Verärgerung.
Please accept our apologies for the problem.	Bitte akzeptieren Sie unsere Entschuldigung für dieses Problem.
Would you accept the goods as they are if we offer you a 20% discount?	Wären Sie bereit, die Waren in deren jetzigem Zustand anzunehmen, wenn wir Ihnen 20% Rabatt anbieten würden?
We cannot accept your claim.	Wir können Ihre Reklamation nicht annehmen.
I will pass on your complaint to someone in customer services.	Ich werde Ihre Beschwerde an einen Kundenbetreuer weitergeben.

We apologize for the inconvenience. | Wir entschuldigen uns für die Unannehmlichkeiten.

2.13 Bewerbungsgespräche

A: Hello? | A: Hallo?

B: This is Ellen Jones from CISCOM. You applied for the position of Sales Associate with our company. | B: Hier spricht Ellen Jones von CISCOM. Sie haben sich für die Stelle des Verkaufsassistenten beworben.

A: Yes, I did. Thank you for your call. | A: Das stimmt. Vielen Dank für Ihren Anruf.

B: I would like to ask you a few questions. First, I see from your CV that you were previously in accounting. Why did you switch to sales? | B: Ich würde Ihnen gerne ein paar Fragen stellen. Zunächst sehe ich in Ihrem Lebenslauf, dass Sie vorher in der Buchhaltung gearbeitet haben. Warum haben Sie zum Verkauf gewechselt?

A: I wanted a new challenge and the opportunity to put my excellent social skills into action. | A: Ich wollte eine neue Herausforderung und eine Gelegenheit, meine herausragende Sozialkompetenz einsetzen zu können.

B: What are your other strong points? | B: Was sind Ihre weiteren Stärken?

A: Discipline, reliability, creativity, patience and the ability to work under pressure.
B: Sounds good. What attracted you to this position?
A: The chance to travel and to work abroad. Also the opportunity to enter the high-technology field.
B: Are you happy at your current job?
A: I am happy here. But I have been here for three years and all of my selling has been within the city. I am looking for a change.

B: We were very impressed with your CV and would like to get to know you better. Would you have time to come to the office on Friday at 2 p.m. for a short

A: Disziplin, Zuverlässigkeit, Geduld und die Fähigkeit, unter Druck zu arbeiten.
B: Hört sich gut an. Was hat Sie an dieser Stellung angesprochen?
A: Die Möglichkeit, zu reisen und im Ausland zu arbeiten. Dazu kommt die Gelegenheit, in die Hi-Tech-Branche einzusteigen.
B: Sind Sie mit Ihrem jetzigen Job zufrieden?
A: Ich bin hier glücklich, aber ich bin seit drei Jahren an dieser Stelle und alle meine Vertriebsaktivitäten sind auf diese Stadt beschränkt. Ich möchte mich verändern.
B: Wir waren von Ihrem Lebenslauf sehr angetan und möchten Sie persönlich kennen lernen. Hätten Sie Zeit, am Freitag bei uns um 14:00 für ein kurzes Gespräch vorbei-

interview?	zuschauen?
A: Gladly. See you then!	A: Gerne. Bis dann!

Infobox

Sell Yourself!
In England and the USA, the humble approach "I think I am good" etc. is ineffective. Don't be afraid to confidently emphasize your strong points:
"I am good with people."
"I am the best person for the job."

Redewendungen

Could you tell us more about ...?	Könnten Sie uns mehr über ... erzählen?
I see from your CV that ...	Im Lebenslauf steht, dass ...
I gather from your CV that ...	Ich entnehme aus Ihrem Lebenslauf, dass ...
Could you tell us why you want to work for us?	Warum möchten Sie für uns arbeiten?
What do you know about our company?	Was wissen Sie über unsere Firma?
What attracts you to this position?	Warum haben sie sich für diese Stelle beworben?
What's your daily schedule?	Wie sieht Ihr Tagesablauf aus?
What are you responsible for?	Was ist Ihr Verantwortungsbereich?

Does your present employer know you are planning to leave?	Weiß Ihr jetziger Arbeitgeber, dass Sie beabsichtigen aufzuhören?
Do you have people under you?	Haben Sie Personalverantwortung?
What exactly do you do in your present job?	Was genau machen Sie in Ihrem jetzigen Job?
Who is your boss?	Wer ist ihr Vorgesetzter?
Are you happy with your job?	Sind Sie mit Ihrem Job zufrieden?
When did you leave your last job?	Wann haben Sie denn bei Ihrer letzten Stelle aufgehört?
How do you feel you can help our company?	Wie glauben Sie, können Sie von Nutzen für unsere Firma sein?
How do you think you can contribute to this post?	Wie glauben Sie, können Sie sich in dieser Stelle einbringen?
What are your strong and weak points?	Was sind Ihre Stärken und Schwächen?
What sort of salary do you have in mind?	Welche genauen Gehaltsvorstellungen haben Sie?
Are you prepared to travel?	Wären Sie bereit, geschäftlich zu reisen?
How soon could you start?	Wann könnten Sie bei uns anfangen?

I'm interested in developing my professional skills.	Ich würde gerne meine beruflichen Fähigkeiten weiterentwickeln.
I'm looking for a more challenging position.	Ich suche eine größere berufliche Herausforderung.
I would like more scope.	Ich brauche mehr Möglichkeiten.
I feel I would respond well to such a challenging post.	Ich denke, ich werde mit dieser beruflichen Herausforderung sehr gut zurechtkommen.
I have got a lot to offer.	Ich habe viel zu bieten.
I'm good at working with people.	Ich kann gut mit Menschen umgehen.
I work well under pressure.	Ich arbeite gut unter Stress.
I'm a good team worker.	Ich bin sehr teamfähig.
I speak several foreign languages.	Ich spreche mehrere Fremdsprachen.
I have good computer skills.	Ich habe gute Computerkenntnisse.
How soon would I have to start work?	Wann müsste ich anfangen?
What is the annual holiday entitlement?	Wie viel Urlaub habe ich pro Jahr?
How long is the probation period?	Wie lange ist die Probezeit?

What kind of working hours does the job entail?	Wie sehen die Arbeitszeiten für diese Stelle aus?
Do you have flexitime positions available?	Bieten Sie auch Gleitzeit an?
Does the job require much overtime?	Erfordert die Stelle viele Überstunden?
Would I be expected to work at weekends?	Wird von mir erwartet, dass ich an Wochenenden arbeite?
Would there be an opportunity to work abroad?	Besteht die Möglichkeit, im Ausland zu arbeiten?
Do you offer fringe benefits?	Bieten Sie zusätzliche soziale Leistungen an?
Does your company have any pension schemes?	Hat Ihre Firma eine Altersvorsorge?
Is there the possibility of inservice training courses?	Besteht denn auch die Möglichkeit, an Fortbildungsmaßnahmen teilzunehmen?
I'd like to emphasize ...	Ich möchte betonen ...
If you ask me ...	Wenn Sie mich fragen ...
As far as I'm able to judge ...	Soweit ich dies beurteilen kann ...
I'm certain that ...	Ich bin sicher, dass ...
How long will it be till I hear from you again?	Wann werde ich von Ihnen hören?

Vokabeln

abroad	im Ausland
challenge	Herausforderung
to contribute	beitragen
CV (curriculum vitae)	Lebenslauf
to develop	entwickeln
education	Ausbildung
employer	Arbeitgeber
employment	Arbeit
experience	Erfahrung
flexitime	Gleitzeit
foreign language	Fremdsprache
fringe benefits	zusätzliche Sozialleistungen
to gather	entnehmen
to offer	bieten
opportunity	Gelegenheit
overtime	Überstunden
pension	Altersvorsorge
position	Stelle
present	jetzig
pressure	Druck
probation period	Probezeit
professional	beruflich
salary	Gehalt

skills	Fähigkeiten
social skills	Sozialkompetenz
strong points	Stärken
use	Nutzen
weak points	Schwächen
working hours	Arbeitszeiten

2.14 Inserate

A: Daily Sun. This is Cara.
B: Hi. Cara. This is Lucy from U-7. We still haven't found a Sales Assistant yet. So we need to run our advert again.

A: Daily Sun. Hier spricht Cara.
B: Hi, Cara. Hier spricht Lucy von U-7. Wir haben immer noch keine Vertriebsassistentin gefunden. Wir müssen die Anzeige nochmal aufgeben.

A: Is that the advert that reads: "High-Tech company seeks dynamic and qualified Sales Assistant" etc?
B: Yes. That's it. I would like to make one small change. We need to change the extension

A: Die Anzeige, die anfängt mit: "High-Tech-Firma sucht dynamische/n und qualifizierte/n Vertriebsassistent/in" usw.?
B: Ja. Das ist sie. Ich möchte eine kleine Änderung haben. Wir müssen die Durchwahl ändern,

from mine, 26, to Ms John's, which is 27.	von meiner, 26, auf die von Frau John, 27.
A: I can do that. Do you want to run the advert every day or just in the weekend edition?	A: Das mache ich. Möchten Sie, dass die Anzeige jeden Tag geschaltet wird oder nur in der Wochenendausgabe?
B: Just in the weekend edition.	B: Nur in der Wochenendausgabe.
A: OK. I will send you a confirmation by fax in a few minutes.	A: O.k. Ich schicke Ihnen in den nächsten Minuten eine Faxbestätigung.

Vokabeln

advert	Anzeige
agency	Agentur
change	Änderung
classifieds/job advertisement	Stellenanzeige
copy	Fließtext
daily	täglich
edition	Ausgabe
full page	ganzseitig
headline	Überschrift
length	Länge
line	Zeile

minimal	minimal
multiple	mehrfach
newspaper	Zeitung
page	Seite
to place	aufgeben
quarter	Viertel
to read	lauten
to run	schalten
weekly	wöchentlich
width	Breite

Redewendungen

I would like to place an ad.	Ich würde gerne eine Anzeige aufgeben.
I would like to place an ad in the classifieds.	Ich würde gerne eine Stellenanzeige schalten.
What is your price per line?	Was ist Ihr Zeilenpreis?
What is the minimal advert size?	Was ist die minimale Anzeigengröße?
Do you offer a discount for multiple ads?	Bieten Sie einen Rabatt für mehrere Schaltungen an?
What is the advertising agency commission?	Wie hoch ist die Agenturprovision?

We would like a half-page ad. | Wir hätten gerne eine halbseitige Anzeige.
We would like a two colour ad. | Wir möchten eine 2-farbige Anzeige.
We want to run the ad in the weekend edition. | Wir möchten die Anzeige in der Wochenendausgabe schalten.

2.15 Messevorbereitung

A: Good afternoon. BestComs. This is Alex. | A: Firma BestComs, guten Tag. Hier spricht Alex.
B: Hi Alex. This is Linda from CISCOM. We were interested in a stand at the EXLON this year. | B: Hallo Alex. Hier ist Linda von CISCOM. Wir wären dieses Jahr an einem Stand auf der EXLON interessiert.
A: Well, you are cutting it pretty fine. The registration deadline is next Monday. | A: Es ist sehr knapp. Der Anmeldeschluss ist schon nächsten Montag.
B: I know. We were waiting to hear if we had the budget. Can we still register? | B: Ich weiß. Wir mussten auf die Genehmigung des Budgets warten. Können wir uns noch anmelden?
A: Of course, though all of the good booth spots have been taken already. | A: Natürlich. Aber alle guten Standplätze sind natürlich schon weg.

B: We'll have to live with that. How much is a booth of 20 square metres?
A: 4000 Euro. But that is just the basic stand without any extras such as security or cleaning service.
B: OK. We will need running water and internet connection.

A: I can send you the registration form and you can select the options you need. All the information about arrival, booth set up and take down is also included.

B: Great. I'll make sure to get them back to you by Monday.
A: OK. That sounds good. Bye!
B: Thank you! Bye!

B: Damit müssen wir leben. Was kostet ein Stand mit 20 Quadratmetern?
A: 4000 Euro. Aber das ist nur der Standplatz ohne irgendwelche Zusatzleistungen wie Überwachungs- oder Reinigungsdienst.
B: O.k. Wir werden aber eine Wasserleitung und Internetanschluss brauchen.
A: Ich kann Ihnen die Anmeldeformulare zuschicken, auf denen Sie die Optionen auswählen können, die Sie benötigen. Alle Informationen über Anreise, Standauf- und -abbau sind auch enthalten.
B: Super. Ich schaue, dass ich sie bis Montag an Sie zurückschicke.
A: O.k. Das klingt gut. Tschüss!
B: Vielen Dank! Tschüss!

Vokabeln

access	Zugang
badge	Ausweis
basic	Basis
booth	Stand
duration	Dauer
exhibitor	Aussteller
extras	Zusatzleistungen
form	Formular
furniture	Möbel
hall	Halle
internet connection	Internetanschluss
office supplies	Büromaterial
positioning	Platzierung
registration	Anmeldung
security	Überwachungs-dienst
set-up	Aufbau
spot	Platz
square metre(m^2)	Quadratmeter
take down	Abbau
to exhibit	ausstellen
to register	sich anmelden
trade fair	Messe
to visit	besuchen
visitor	Besucher/in

Redewendungen

We would like a stand at your trade fair.	Wir möchten einen Stand auf Ihrer Messe haben.
We would like to exhibit at the EXPORITE.	Wir würden gerne auf der EXPORITE ausstellen.
We would like to visit the trade fair.	Wir möchten die Messe besuchen.
When is the registration deadline?	Wann ist der Anmeldeschluss?
Could you send me a registration form?	Könnten Sie mir ein Anmeldeformular zuschicken?
What is the minimum booth size?	Was ist die minimale Standgröße?
How do we get to the exhibition center?	Wie kommen wir zum Messegelände?
Does the price include extras?	Sind Zusatzleistungen im Preis enthalten?
How early can we get into the hall?	Wie früh können wir in die Messehalle kommen?
We will need exhibitors' badges.	Wir werden Ausstellerausweise brauchen.
Do you have a visitor's badge already?	Haben Sie schon einen Besucherausweis?
What events will be held while the trade fair is on?	Welche Veranstaltungen gibt es während der Messe?

2.16 Technische Probleme

A: Nystrom. Technical Support Department. This is John.

B: Hi John. This is Mike from CISCOM. We use your computers and I am having a problem with mine. It won't start.

A: Can you describe exactly what is happening?

A: I turned my computer on, and it starts the preliminary system check but never gets beyond that. I mean, it never moves on to ask me for my password so that I can get into the applications.

B: That doesn't sound very good. It sounds like your operating system is

A: Nystrom. Technikabteilung. Sie sprechen mit John.

B: Hallo John. Hier spricht Mike von CISCOM. Wir haben Computer von Ihrer Firma und ich habe ein Problem mit meinem. Er fährt nicht hoch.

A: Können Sie genau beschreiben, was passiert?

A: Ich habe den Rechner eingeschaltet und er fängt mit der Systemüberprüfung an, aber er bleibt dann dort hängen. Ich meine, er kommt nicht an den Punkt, an dem ich nach dem Passwort gefragt werde. Ich komme nicht an die Anwendungen heran.

B: Das hört sich nicht gut an. Entweder ist das Betriebssystem geschädigt,

damaged, or that you need a new hard drive.
A: Oh no! What about all my data?
B: Are your company's data saved to a master every day?
A: Yes.
B: Then your system administrator can retrieve them. In fact, you should ask him to save all of your data now. I will send someone over in the course of the day to look at your computer.

oder Sie brauchen eine neue Festplatte.
A: Oh nein! Was wird mit meinen Daten passieren?
B: Werden die Firmendaten jeden Tag auf einen Datenträger gespeichert?
A: Ja.
B: Dann kann Ihr Systemadministrator sie retten. Eigentlich sollten Sie ihn jetzt fragen, ob er Ihre Daten speichern kann. Ich werde im Laufe des Tages jemanden vorbeischicken, der Ihren Rechner anschaut.

Vokabeln

to access	zugreifen
application	Anwendung
to check	überprüfen
connection	Anschluss
file	Datei
to flicker	flimmern
to freeze	sich aufhängen
hard drive	Festplatte

to log in	sich anmelden
to log out	sich abmelden
paper jam	Papierstau
password	Passwort
plugged in	eingesteckt
printer	Drucker
privileged	berechtigt
problem	Problem
to retrieve	zurückholen, retten
to save	speichern
screen	Bildschirm
settings	Einstellungen
to shut down	herunterfahren
to start	hochfahren
toner cartridge	Tintenpatrone
to work	funktionieren

Redewendungen

I'm having a problem with my computer.	Ich habe ein Problem mit meinem Computer.
I can't start my computer.	Ich kann meinen Rechner nicht hochfahren.
The screen is blank.	Der Bildschirm ist schwarz.
I've forgotten my password.	Ich habe mein Passwort vergessen.

The computer has frozen.	Der Rechner hat sich aufgehängt.
I can't access the internet.	Ich komme nicht ins Internet.
My email isn't working.	Mein E-Mail-Programm funktioniert nicht.
My computer is really slow.	Mein Rechner ist sehr langsam.
There is a paper jam.	Es gibt einen Papierstau.
The printer needs a new toner cartridge.	Der Drucker braucht eine neue Tintenpatrone.
Check and see if the modem cable is plugged in!	Schauen Sie, ob das Modemkabel eingesteckt ist!
I am checking the connection.	Ich überprüfe den Anschluss.
The hard drive is damaged.	Die Festplatte ist beschädigt.
I can't access that data.	Ich kann nicht auf diese Datei zugreifen.
My new monitor is flickering.	Mein neuer Bildschirm flimmert.
You are not priveleged to access that data.	Sie haben keine Zugriffsrechte auf diese Datei.
Check your system settings.	Überprüfen Sie Ihre Systemeinstellungen.
Let's test it out in practice!	Lassen Sie es uns ausprobieren!

2.17 Marketing

A: MediaOne. This is Ron. How can I help you?
B: This is Tracy from the Marketing Department at P-7. We are thinking about starting a new informational campaign and are looking for an ad agency. Are you a full-service agency or do you only specialize in print media?

A: Firma MediaOne. Sie sprechen mit Ron. Wie kann ich Ihnen helfen?
B: Hier spricht Tracy von der Marketingabteilung der Firma P-7. Wir überlegen, eine neue Informationskampagne zu starten und sind auf der Suche nach einer Agentur. Sind Sie eine Full-Service Agentur oder sind Sie nur auf Printwerbung spezialisiert?

A: We offer everything from classic advertising to internet advertising to Public Relations and event planning. Are you looking to advertise your company or a specific product?

A: Wir bieten ein breites Spektrum von Leistungen an: von klassischer Werbung über Internetwerbung bis hin zu Public Relations und Event Gestaltung. Möchten Sie in erster Linie für Ihre Firma werben oder für ein spezifisches Produkt?

B: Well, primarily for our company, since

B: Nun. Hauptsächlich für unsere Firma, da wir ein

we're quite new, but some information about products should also be included.	ziemlich junges Unternehmen sind. Informationen zu den Produkten sollen aber auch dabei sein.
A: Why don't we meet, so that you can tell me more about your company and your advertising goals. Then I can propose an advertising concept including the media-mix and price quotation.	A: Ich schlage vor, dass wir uns treffen, so dass Sie mir mehr über Ihre Firma und Ihre Werbeziele erzählen können. Dann werde ich einen Konzeptvorschlag vorbereiten, samt Media-Mix und Kostenvoranschlag.
B: Sounds good.	B: Das klingt gut.

Vokabeln

advertising agency	Werbeagentur
attention	Aufmerksamkeit
attractive	ansprechend
black and white	schwarzweiß
commercial	Werbespot
concept	Konzept
coloured	bunt
event	Veranstaltung
film advertising	Kinowerbung
graphics	Grafik

image campaign	Imagekampagne
information campaign	Informationskampagne
layout	Plan, Ausgestaltung
media-mix	Media-Mix
memorable	einprägsam
to notice	beachten
photo material	Bildmaterial
print advertising	Printwerbung
radio advertising	Funkwerbung
target group	Zielgruppe
television advertising	Fernsehwerbung

Redewendungen

We are a full-service agency.	Wir sind eine Full-Service Agentur.
We focus on modern print advertising.	Unser Schwerpunkt liegt auf der modernen Printwerbung.
We would like to develop a new image campaign.	Wir möchten eine neue Image-Kampagne entwickeln.
We need someone to organize an event.	Wir brauchen jemanden, der eine Veranstaltung organisieren kann.

We need an advertising campaign for our new product line.	Wir brauchen eine Werbekampagne für unsere neue Produktreihe.
We could run a series of ads in the local paper.	Wir könnten in der lokalen Zeitung eine Anzeigenkampagne machen.
I think bill-boards would attract attention.	Ich denke, dass Großflächenplakate Aufmerksamkeit erregen würden.
Radio advertising is less expensive than film advertising.	Funkwerbung ist günstiger als Kinowerbung.
We will present our advertising concept to you next week.	Wir werden Ihnen unser Werbekonzept nächste Woche vorstellen.

3. Serviceseiten

Spelling on the Telephone – Buchstabieren am Telefon

If you need to spell something on the telephone in British English, you can use the following system:

A-Alfred	N-Nellie
B-Benjamin	O-Oliver
C-Charles	P-Peter
D-David	Q-Queen
E-Edward	R-Robert
F-Frederick	S-Samuel
G-George	T-Tomy
H-Harry	U-Uncle
I-Isaac	V-Victor
J-Jack	W-William
K-King	X-X-ray
L-London	Y-Yellow
M-Mary	Z- Zebra

Example: Woodbridge

William-Oliver-Oliver-David-Benjamin-Robert-Isaac David-George-Edward

Time and Date

Uhrzeit

six o'clock, six a.m.	06:00
eight fifteen, a quarter past eight	08:15
nine forty-five, a quarter to ten	09:45
ten thirty, half past ten	10:30
five thirty-five, twenty-five to six	17:35
six o'clock, six p.m.	18:00

Wochentage

Monday	Montag
Tuesday	Dienstag
Wednesday	Mittwoch
Thursday	Donnerstag
Friday	Freitag
Saturday	Samstag
Sunday	Sonntag

Monate

January	Januar
February	Februar
March	März
April	April
May	Mai
June	Juni
July	Juli
August	August

September	September
October	Oktober
November	November
December	Dezember

Jahreszeiten

spring	Frühling
summer	Sommer
autumn	Herbst
winter	Winter

British versus American – Britisches versus Amerikanisches Englisch

As in many other situations, the British and the American use different words for the same thing:

	British	American
anrufen	ring	call
auflegen	ring off	hang up
zurückrufen	ring back	call back
Anrufbeant-worter	answer phone	answering machine
Handy	mobile (phone)	cell (phone)
besetzt	engaged	busy
null (0)	"o"	zero
Privatnummer	privat number	home phone

Using your answer phone – Den Anrufbeantworter benutzen

In order to give and receive information clearly and correctly on an answer phone, the following elements should be part of every message:

- your name (first and surname)
- who you represent (company)
- how and when you can be reached (if you are leaving a message)
- the purpose of your call (if you are leaving a message)
- your number (if you are leaving a message)

Receiving messages

- "Hello. You have reached Lisa Leeds at CISCOM. I am away from my desk right now, but please leave your name, number and the purpose of your call and I will return your call as soon as possible. Thank You."
- "This is Phillip Roth of the Holder Marketing Department. Please leave a message after the tone. In case of emergency, please contact me on my mobile phone: 0172 345 2311. Thank you."

Leaving messages on answer phones:

- "Hi Phillip. This is Lisa from REXROT. I was wondering if you had time to meet next week to discuss the new campaign. I should be in the office until 7 p.m. The number is 345 6744. Otherwise you can call me on my mobile at 0176 2355465. Bye."

- "Hi Sally. It's Phil. I was just calling to see what you were doing tonight. I am going to be in a meeting for the next two hours. I will try calling you again when it is over. Bye."

Small Talk

Although "small talk" may seem like a waste of time, especially when you are in a hurry or have something important to discuss, it is part of British and American telephone etiquette.
Appropriate topics for small talk are family, general work topics or the weather. Stick to light subjects and avoid topics that could lead to an argument, such as politics.
If you are speaking to someone for the first time, small talk is not necessary. However, if you have repeated telephone contact with someone, a bit of small talk is a friendly and polite way to start off a conversation.

Here are some examples of small talk:
A: Hello Peter. This is Stan from XCEC.
B: Hello Stan! How nice to hear from you. How was your holiday?
A: It was lovely, thanks. I got a nice tan.

B: Where did you go?
A: We went to Hawaii.
B: That sounds wonderful. Did you have good weather?
A: Yes. The sun shone almost every day. I was able to play a lot of golf and relax.
B: How nice. How can I help you?
A: Well. I'm actually calling about ...

A: ENVIROMON. This is Sandy.
B: Hi Sandy. It's Beth from RONTE.
A: Hi Beth. How are you?
B: Great. It's hard not to be happy on such a beautiful sunny day!
A: That's for sure. It is hard to concentrate on work.
B: I know. Unfortunately, I have to trouble you with ...

A: CISCOM. This is Ellen Jones.
B: Ellen! I've finally got a hold of you! It's Brian from REVOB. Are you all as busy as we are?
A: Oh yes. I was on the road all last week and we have been flooded with orders this week.
B: I know how that is. Things have been crazy around here, too. We are glad that business is going so well, but it is stressful at times.
A: I agree. Speaking of stress, I have an appointment in 10 minutes. How can I help you?

Watch Out! - Vermeiden Sie typische Sprachfehler

Incorrect	Correct
Here is Lisa Schmidt.	This is Lisa Schmidt.
Can you explain me it?	Can you explain it to me?
We are looking forward to making business.	We are looking forward to doing business.
Please say him that I called.	Please tell him that I called.
I wanted to ask after your prices.	I wanted to ask about your prices.
I will write your number for her.	I will write down your number for her.
She talks on the phone at the moment.	At the moment she is talking on the phone.
Can I reach you under this number?	Can I reach you at this number?
Good Weekend!	Have a nice weekend!
I wish you a nice trip!	Have a nice trip!
I am not hearing you.	I can't hear you.
Can you speak more clear?	Can you speak more clearly?
We will talk us tomorrow.	We will talk to each other tomorrow.
What said you?	What did you say?
She hears her voice mail every evening.	She checks her voice mail every evening.

about	wegen
abroad	im Ausland
absolutely	unbedingt
to accept	annehmen
access	Zugang
to access	zugreifen
accompany	begleiten
to accomplish	erledigen
account	Konto, Kundenkonto
account balance	Kontostand
accounts	Buchhaltung
ad series	Anzeigenkampagne
advanced	fortschrittlich
advantage	Vorteil
advert	Anzeige
advertising agency	Werbeagentur
advice	Anzeige
advice note	Benachrichtigung
affiliate	Tochtergesellschaft
after-sales service	Kundenservice
against	gegen
agency	Agentur
to agree	zustimmen, sich vereinbaren
agreement	Vereinbarung
airport	Flughafen
all ears	ganz Ohr

alternative	Alternative
angry	verärgert
annoyance	Verdruss
annual report	Jahresbericht
another	noch eine(r,s)
to answer	entgegennehmen
answering machine (American English)	Anrufbeantworter
answer phone (British English)	Anrufbeantworter
to apologize	sich entschuldigen
application	Anwendung
appointment	Termin
appointment book	Terminkalender
to arrange	arrangieren
arrangement	Übereinkunft
arrival	Ankunft, Eingang
as follows	wie folgt
as soon as possible	umgehend
assistance	Unterstützung
associate	Kollege, Kollegin
assured	versichert
at least	zumindest
at liberty	befugt
attention	Aufmerksamkeit
attractive	ansprechend
available	verfügbar

to avoid

to avoid	vermeiden
away	verreist
back	zurück
background	Hintergrund
badge	Ausweis
bank account	Bankkonto
bank error	Bankfehler
bank guarantee	Bankgarantie
bank statement	Kontoauszug
bargain	Schnäppchen
to base on	basieren auf
basic	Basis-
to be available	erreichbar sein
to be interested in something	sich für etwas interessieren
to be available	erreichbar sein
to be prepared	bereit sein
to beat	unterbieten
better	besser
bill	Rechnung
to bill	in Rechnung stellen
bill of lading	Konnossement
to block	verhindern
to book	buchen
booth	Stand
branch	Branche
branch office	Zweigstelle

brochure	Broschüre
business	Geschäft
business attire	Geschäftskleidung
business traveller	Geschäftsreisende(r)
business trip	Geschäftsreise
busy (engaged)	besetzt
buttons	Tasten
call	Anruf
to call back (American English)	zurückrufen
call for action	Handlungsbedarf
cancellation fee	Stornogebühr
capacity	Kapazität
Cash against Documents	Kasse gegen Dokumente
cash discount	Skonto
cash in advance	Vorauskasse
cash on delivery (COD)	per Nachname
casual	legere
to catch	verstehen
to catch someone up	jemanden auf den neuesten Stand bringen
certainly	bestimmt
challenge	Herausforderung
chance	Gelegenheit
change	Änderung
to charge	abbuchen
to check	überprüfen, nachhaken

to check back

to check back	noch einmal nachfragen
to check with	nachfragen bei
to check in	einchecken
to check out	auschecken
cheque	Scheck
circumstances	Umstände
classified (auch: job advertisement)	Stellenanzeige
clause	Klausel
to clear customs	verzollt werden
clear	klar
client	Kunde, Kundin
to close a deal	ein Geschäft abschließen
closed	geschlossen
to collapse	zusammenbrechen
comment	Kommentar
to come round	vorbeischauen
commercial	Werbespot
commission	Provision
common	gemeinsam
company	Unternehmen
to compare	vergleichen
competitor	Wettbewerber
to complain	sich beschweren
complaint	Beschwerde
complication	Schwierigkeit
compromise	Kompromiss

concept	Konzept
to conclude	abschließen
conference call	Telefonkonferenz
confident	sicher
confidential	vertraulich
to confirm	bestätigen
to connect	verbinden
connecting flight	Anschlussflug
connection	Verbindung, Anschluss
consignment	Warenlieferung
contact person	Ansprechpartner
contract	Vertrag
contractual	vertragsrechtlich
to contradict	widersprechen
to contribute	beitragen
convenient	günstig
to convince	überzeugen
copy	Fließtext
could	könnten
credit period	Zahlungszeitraum
current	aktuell
customer	Kunde, Kundin
customer services	Kundenbetreuung
customs	Zoll
to cut off	abschneiden
CV (curriculum vitae)	Lebenslauf
daily	täglich

damage

damage	Schaden
damages	Schadenersatz
date	Verabredung
day off	freier Tag
deadline	Frist
deal	Geschäft
to decide	entscheiden
decision	Entscheidung
to decline	absagen
delay	Verspätung
to delay	verzögern
to deliver	liefern
delivery	Lieferung
delivery date	Liefertermin
delivery terms	Lieferbedingungen
demand	Nachfrage
demands	Bedürfnisse, Anforderungen
to demonstrate	zeigen
department	Abteilung
departure	Abreise
descriptive literature	Anschauungsmaterial
desk	Schreibtisch
destination	Reiseziel
detail	Detail
detailed	ausführlich
to develop	entwickeln

development	Entwicklung
to dial	wählen
to dial the wrong number	verwählen
difficult	schwierig
difficulty	Schwierigkeit
direct dialing	Durchwahl
direct flight	Direktflug
direction	Richtung
directory enquiries	Telefonauskunft
to disagree	nicht zustimmen
to disclose	aussagen
to disconnect	abstellen
discount	Rabatt
disorganized	unorganisiert
to dispatch	versenden
dispatch date	Versandtermin
dissatisfied	unzufrieden
to disturb	stören
to do business with someone	Geschäfte mit jemandem machen
down to business	zum Geschäftlichen
to drive	fahren
dress code	Kleiderordnung
due	fällig
duration	Dauer
earlier	früher

early

early	früh
early order discount	Frühdispositionsrabatt
easy	leicht
economy class	Touristenklasse
edition	Ausgabe
efficient	effizient
effort	Bemühung
embarrassing	unangenehm
to emphasize	betonen
employer	Arbeitgeber
employment	Arbeit
engagement	Verpflichtung
to enquire after some-one or something	nach jemandem oder etwas fragen
enquiry	Anfrage
entrance	Eingang
errand	Erledigung
error	Irrtum
estimated	voraussichtlich
event	Veranstaltung
ex works	ab Werk
excess baggage	Übergepäck
to exchange	austauschen
to exhibit	ausstellen
exhibitor	Aussteller
exit	Ausgang, Ausfahrt

to expect	erwarten
extension	Durchwahl
extenuating circumstances	höhere Gewalt
extra	Zusatz-
F.A.O.	z. Hd.
face to face	persönlich
facilities	Komfort
faulty	fehlerhaft
favourable	günstig
feasible	machbar
feedback	Rückmeldung
figures	Zahlen
file	Datei
finance	Finanzen
to find out	erfahren, herausfinden
to find out more about something	mehr über etwas erfahren
firm	verbindlich
firm offer	verbindliches Angebot
firm order	verbindlicher Auftrag
first name	Vorname
flexitime	Gleitzeit
to flicker	flimmern
floor	Etage
flow of traffic	Fahrtrichtung
to follow-up	weiter verfolgen

for now	im Augenblick
foreign language	Fremdsprache
form	Formular
formal dress	Gesellschaftskleidung
to forward	verschicken
forwarding agent	Spediteur
free	frei, gratis
to freeze (computer)	sich aufhängen
freight	Fracht
fringe benefits	zusätzliche Sozialleistungen
to fulfil	erfüllen
full page	ganzseitig
furniture	Möbel
to gather	entnehmen
general	allgemein
to get on	einsteigen
to get back to someone	sich bei jemandem melden
to get information	sich informieren
to get lost	sich verlaufen
to get off	aussteigen
to get through	durchkommen
to get together	sich treffen
to go home	nach Hause gehen
goodbye	Wiederhören
goods	Waren
gossip	Tratsch

graphics	Grafik
graphic artist	Grafiker(in)
gross	brutto
growth	Wachstum
to happen	passieren
hard drive	Festplatte
to have a phone connectic	erreichbar sein
to have somebody on the line	jemanden in der Leitung haben
head	Leiter
head count	Gästezahl
head office	Hauptsitz
headline	Überschrift
to hear	hören
to hear from someone	von jemandem hören
high quality	hochwertig
to hold	warten
holiday	Urlaub
hollow	hohl
house-warming	Einweihung
to hope	hoffen
to hurry	sich beeilen
ill	krank
image campaign	Imagekampagne
immediately	sofort
impatient	ungeduldig

to improve

to improve	verbessern
improvement	Verbesserung
in advance	im Voraus
in stock	vorrätig
in touch	in Kontakt
in writing	schriftlich
to include	beinhalten
included	inklusive
including	samt
incompetence	Inkompetenz
incompetent	inkompetent
inconvenience	Unannehmlichkeit
to increase	steigern
inefficient	ineffizient
information	Auskunft
information campaign	Informationskampagne
informational	Info-
innovative	innovativ
insurance	Versicherung
interference	Störung, Nebengeräusch
to interrupt	unterbrechen
intersection (American English)	Kreuzung
to introduce	sich vorstellen
introductory offer	Einführungsangebot
invitation	Einladung

invitation letter	Einladungsschreiben
to invite	einladen
invoice	Rechnung
item	Artikel
lack	Mangel
langsam	slow
late	spät
later	später
layout	Satzung
to learn about	sich erkundigen nach
to leave	hinterlassen
lecture	Vortrag
legal action	rechtliche Schritte
legal form	Rechtsform
length	Länge
less	abzüglich
let someone know	jemandem Bescheid geben
letter	Buchstabe
Letter Of Credit	Akkreditiv
liability	Haftung
liable	haftbar
to lift the receiver	abnehmen (Hörer)
line	Leitung, Zeile
to listen	(zu)hören
location	Ort
to log in	sich anmelden
to log out	sich abmelden

longer

longer	länger
to look forward to something	sich auf etwas freuen
loss	Verlust
lost	verloren
louder	lauter
loudly	laut
mailing	Sendung
to make an appointment	einen Termin vereinbaren
to make a phone call	einen Anruf tätigen
to manage	schaffen
manager	Leiter(in)
market leader	Marktführer
market share	Marktanteil
matter	Angelegenheit
media-mix	Media-Mix
to mend the lines	Leitungen reparieren
meeting	Besprechung
memorable	einprägsam
message	Nachricht
method of payment	Zahlungsart
minimal	Minimal-
mistake	Fehler
model	Modell
moment	Augenblick
multiple	mehrfach

mutual	gegenseitig
necessary	notwendig
to negotiate	verhandeln
net	netto
news	Neuigkeit
newspaper	Zeitung
next	nächste(s,r)
nice	nett
non-binding	unverbindlich
to notice	beachten
notice	Mitteilung
number of employees	Mitarbeiterzahl
to object	Einspruch erheben
objection	Einwand
obligation	Verpflichtung
occasion	Anlass
offer	Angebot
to offer	(an)bieten
office	Büro
office supplies	Büromaterial
on hold	in der Warteschleife
on time	rechtzeitig
one way	Hinfahrt
operator	Vermittlung
opinion	Meinung
opportunity	Gelegenheit
optimal	optimal

order

order	Bestellung
to order	bestellen
order confirmation	Auftragsbestätigung
outstanding	fällig
overdue	überfällig
to overload	überladen
to overlook	übersehen
oversight	Versehen
overtime	Überstunden
owing to	wegen
owner	Inhaber(in)
page	Seite
pamphlet	Prospekt
paper jam	Papierstau
paragraph	Absatz
part payment	Teilzahlung
to participate	teilnehmen
particularities	Einzelheiten
partnership	Partnerschaft
party	Fest
to pass on	weitergeben
password	Passwort
patience	Geduld
to pay up	begleichen
payment	Zahlung
payment terms	Zahlungsbedingungen
to pencil in	eintragen

pension	Altersvorsorge
per	gemäß
personal	privat
phone	Apparat, Telefon
phone book	Telefonbuch
phone box	Telefonzelle
photo material	Bildmaterial
to pick up	abholen
to place	aufgeben
please	bitte
plugged in	eingesteckt
point of view	Ansicht
polite	höflich
poor	schlecht
port	Hafen
position	Stelle, Lage
positioning	Platzierung
preliminary election	Vorwahl
premises	Geschäftsräume
prepared	bereit
present	jetzig(e)
press kit	Pressemappe
pressure	Druck
previous	vorige(s,r)
price	Preis
price list	Preisliste
principal investor	Hauptanleger

print advertising

print advertising	Printwerbung
printer	Drucker
priority	Priorität
private	persönlich
priveleged	berechtigt
pro forma invoice	Pro-forma-Rechnung
probation period	Probezeit
producer	Hersteller(in)
product spectrum	Produktpalette
professional	beruflich
to promise	versprechen
proposal	Vorschlag
proposition	Antrag
provided that	vorausgesetzt, dass
Public Relations	Presseabteilung
public transport	öffentliche Verkehrsmittel
publicly listed	an der Börse notiert
purpose	Grund
to put through	durchstellen
qualities	Eigenschaften
quality	Qualität
quantity	Menge
quantity discount	Mengenrabatt
quarter	Viertel
question	Frage
quickly	schnell
to quote	ein Angebot machen

radio advertising	Funkwerbung
range	Bandbreite
rate	Tarif
to reach	erreichen
reaction	Reaktion
to read	lauten
to read back	noch einmal lesen
ready	fertig
ready for delivery	versandfertig
really	wirklich
reason	Grund
reasonable	vernünftig
receipt	Erhalt
to receive	erhalten, bekommen
receiver	Hörer
reception	Empfang
recipient	Empfänger
recorded message	Bandaufnahme
refund	Geldrückgabe
regarding	bezüglich
regional operation	Außenstelle
to register	sich anmelden
registered mail	per Einschreiben
registration	Anmeldung
regretfully	leider
to reimburse	Kosten erstatten
to reject	ablehnen

reliable

reliable	zuverlässig
remaining amount	Restposten
to remind	erinnern
reminder	Mahnung
to rent	mieten
to repeat	wiederholen
repeat order	Folgebestellung
to replace	auflegen (Hörer), ersetzen
replacement	Ersatz
report	Bericht
request	Bitte
request for payment	Zahlungsaufforderung
to reserve	reservieren, vorbehalten
to resolve	lösen
to respond	Bescheid geben
responsible for	zuständig für
to retrieve	zurückholen
return	Reklamation, Rückreise
right	rechts, richtig
right now	sofort
to ring back (British English)	zurückrufen
to ring	klingeln
rude	unhöflich
to run	schalten (Anzeige)
safe	sicher
salary	Gehalt

sales	Absatz, Verkauf
sales literature	Verkaufsmaterial
sample	Muster
to save	speichern
savings	Ersparnisse
schedule	Terminliste
screen	Bildschirm
seat	Platz
secretary	Sekretär(in)
security	Überwachungsdienst
to sell	verkaufen
seminar	Fortbildung
to send	verschicken
sensitive	wichtig
service	Dienstleistung
to set up (a time)	(eine Zeit) vereinbaren
settings	Einstellungen
to settle	sich einigen
set-up	Aufbau
shareholder	Aktionär
shareholding structure	Beteiligungsverhältnis
step	Schritt
shipment	Sendung, Lieferung
to shut down	herunterfahren
signature	Unterschrift
single room	Einzelzimmer
skills	Fähigkeiten

slowly

slowly	langsam
social skills	Sozialkompetenz
soft	leise
sold out	ausgebucht
solution	Lösung
sometime	irgendwann
soon	bald
to sound	klingen
to speak	sprechen
special offer	Sonderangebot
specifications	genaue Angaben
to spell	buchstabieren
to spend time with someone	Zeit mit jemandem verbringen
spot	Platz
square metre (m^2)	Quadratmeter
staff	Personal
standard	Niveau
to start	hochfahren
status	Stand
to step into	hereinkommen
steps	Treppe
to stock	führen
stop	Haltestelle
stopover	Aufenthalt
strange	sonderbar
strong points	Stärke

subject to	solange
subject to change	unverbindlich
to submit	unterbreiten
to suit	passen
supervisor	Vorgesetzte(r)
supplier	Lieferant
surcharge	Zuschlag
sure	sicher
surname	Nachname
to take	aufschreiben
take down	Abbau
to take place	stattfinden
target group	Zielgruppe
technical support	Technik
telephone exchange	Telefonzentrale
telephone number	Telefonnummer
television advertising	Fernsehwerbung
terms	Bedingungen
terms of trade	Geschäftsbedingungen
to test	probieren
to think about something	über etwas nachdenken
ticket	Fahrkarte
time	Uhrzeit
time allowed for payment	Zahlungsfrist
time slot	Zeitspanne

today	heute
tolerance level	Toleranzgrenze
toner cartridge	Tintenpatrone
tormorrow	morgen
to trace	zurückverfolgen
trade discount	Händlerrabatt
trade fair	Messe
to transfer	weiterverbinden, überweisen
travel information	Reisedaten
travel plans	Reisepläne
trial	Probe
to try	versuchen
to try again	noch einmal versuchen
tube (subway)	U-Bahn
unacceptable	unakzeptabel
unit price	Stückpreis
unpaid	unbezahlt
unpleasant	unangenehm
until	bis
urgent	dringend
use	Nutzen
user-friendly	benutzerfreundlich
valid	gültig
VAT (Value Added Tax)	Mehrwertsteuer
viable	brauchbar
to visit	besuchen

visitor	Besucher(in)
voice	Stimme
voice mail	Anrufbeantworter
to wait	warten
way	Weg
weak points	Schwächen
weekend	Wochenende
weekly	wöchentlich
while	während
width	Breite
window	Fenster, Zeitfenster
to wonder if	gern wissen wollen, ob
to work	funktionieren
working hours	Arbeitszeiten
wrong	falsch
wrongly connected	falsch verbunden
not yet	noch nicht

ab Werk

ab Werk	ex works
Abbau	take down
abbuchen	to charge
abholen	to pick up
ablehnen	to reject
abnehmen (Hörer)	to lift the receiver
Abreise	departure
Absatz	paragraph (document), sales
abschließen	to conclude
abschneiden	to cut off
abstellen	to disconnect
Abteilung	department
abzüglich	less
Agentur	agency
Akkreditiv	Letter Of Credit
Aktionär	shareholder
aktuell	current
allgemein	general
Alternative	alternative
Altersvorsorge	pension
(an)bieten	to offer
an der Börse notiert	publicly listed
Änderung	change
Anforderungen	demands
Anfrage	enquiry
Angebot	offer

Angelegenheit	matter
Ankunft	arrival
Anlass	occasion
Anmeldung	registration
annehmen	to accept
Anruf	call
Anrufbeantworter	answer phone (British English) answering machine (American English)
Anschauungsmaterial	descriptive literature
Anschluss	connection
Ansicht	point of view
ansprechend	attractive
Ansprechpartner	contact person
Antrag	proposition
Anwendung	application
Anzeige	advert, advice
Anzeigenkampagne	ad series
Apparat	phone
Arbeit	employment
Arbeitgeber	employer
Arbeitszeiten	working hours
arrangieren	to arrange
Artikel	item
Aufbau	set-up
Aufenthalt	stopover

aufgeben

aufgeben	to place
auflegen	to replace
Aufmerksamkeit	attention
aufschreiben	to take
Auftragsbestätigung	order confirmation
Augenblick	moment
auschecken	to check out
ausführlich	detailed
Ausgabe	edition
Ausgang, Ausfahrt	exit
ausgebucht	sold out
Auskunft	information
aussagen	to disclose
Außenstelle	regional operation
aussteigen	to get off
ausstellen	to exhibit
Aussteller	exhibitor
austauschen	to exchange
Ausweis	badge
bald	soon
Bandaufnahme	recorded message
Bandbreite	range
Bankfehler	bank error
Bankgarantie	bank guarantee
Bankkonto	bank account
basieren auf	to base on
Basis-	basic

beachten	to notice
Bedingungen	terms
Bedürfnisse	demands
befugt	at liberty
begleichen	to pay up
begleiten	accompany
beinhalten	to include
beitragen	to contribute
bekommen	to get
Bemühung	effort
Benachrichtigung	advice note
benutzerfreundlich	user-friendly
berechtigt	priveleged
bereit	prepared
bereit sein	to be prepared
Bericht	report
beruflich	professional
Bescheid geben	to respond
Beschwerde	complaint
besetzt	busy, engaged
Besprechung	meeting
besser	better
bestätigen	to confirm
bestellen	to order
Bestellung	order
bestimmt	certainly
besuchen	to visit

Besucher(in)

Besucher(in)	visitor
Beteiligungsverhältnis	shareholding structure
betonen	to emphasize
bezüglich	regarding
bieten	to offer
Bildmaterial	photo material
Bildschirm	screen
bis	until
bitte	please
Bitte	request
Branche	branch
brauchbar	viable
Breite	width
Broschüre	brochure
brutto	gross
buchen	to book
Buchhaltung	accounting
Buchstabe	letter
buchstabieren	to spell
Büro	office
Büromaterial	office supplies
Datei	file
Dauer	duration
Detail	detail
Dienstleistung	service
dringend	urgent
Druck	pressure

Drucker	printer
durchkommen	to get through
durchstellen	to put through
Durchwahl	direct dialling, extension
effizient	efficient
Eigenschaften	qualities
ein Angebot machen	to quote
ein Geschäft abschließen	to close a deal
Einladungsschreiben	invitation letter
ein(e) andere(s,r)	another
einchecken	to check in
einen Anruf tätigen	to make a phone call
einen Termin vereinbaren	to make an appointment
Einführungsangebot	introductory offer
Eingang	entrance, arrival
eingesteckt	plugged in
einladen	to invite
Einladung	invitation
einprägsam	memorable
Einspruch erheben	to object
einsteigen	to get on
Einstellungen	settings
eintragen	to pencil in
Einwand	objection
Einweihung	house-warming
Einzelheiten	particularities

Empfang

Empfang	reception
Empfänger	recipient
entgegennehmen	to answer
entnehmen	to gather
entscheiden	to decide
Entscheidung	decision
entwickeln	to develop
Entwicklung	development
erfahren	to find out
erfüllen	to fulfil
Erhalt	receipt
erhalten	to receive
erinnern	to remind
erledigen	to accomplish
Erledigung	errand
erreichbar sein	to be available, to have a phone connection
erreichen	to reach
Ersatz	replacement
ersetzen	to replace
erwarten	to expect
Etage	floor
Fähigkeiten	skills
fahren	to drive
Fahrkarte	ticket
Fahrtrichtung	flow of traffic
falsch	wrong

falsch verbunden	wrongly connected
fällig	due, outstanding
Fehler	mistake
fehlerhaft	faulty
Fernsehwerbung	television advertising
fertig	ready
Fest	party
Festplatte	hard drive
Finanzen	finance
flimmern	to flicker
Folgebestellung	repeat order
Formular	form
Fortbildung	seminar
fortschrittlich	advanced
Fracht	freight
Frage	question
fragen nach jemandem oder etwas	to enquire after some-one or something
frei	free
freier Tag	day off
Fremdsprache	foreign language
Frist	deadline
früh	early
Frühdispositionsrabatt	early order discount
früher	earlier
führen	to stock
funktionieren	to work

Funkwerbung

Funkwerbung	radio advertising
ganz Ohr	all ears
Gästezahl	head count
ganzseitig	full page
Geduld	patience
gegen	against
gegenseitig	mutual
Gehalt	salary
Geldrückgabe	refund
Gelegenheit	chance, opportunity
gemäß	per
gemeinsam	common
genaue Angaben	specifications
Geschäft	business, deal
Geschäfte mit jemandem machen	to do business with someone
Geschäftsbedingungen	terms of trade
Geschäftskleidung	business attire
Geschäftsreise	business trip
Geschäftsreisende(r)	business traveller
Geschäftsräume	premises
geschlossen	closed
Gleitzeit	flexitime
Grafik	graphics
Grafiker(in)	graphic artist
gratis	free
großartig	great

Grund	purpose, reason
gültig	valid
günstig	convenient, favourable
Hafen	port
haftbar	liable
Haftung	liability
Haltestelle	stop
Händlerrabatt	trade discount
Handlungsbedarf	call for action
Hauptanleger	principal investor
Hauptsitz	head office
Herausforderung	challenge
hereinkommen	to step into
Hersteller(in)	producer
herunterfahren	to shut down
Hinfahrt	one way
Hintergrund	background
hinterlassen	to leave
hochfahren	to start
hochwertig	high quality
hoffen	to hope
höflich	polite
hohl	hollow
hören	to hear, to listen
Hörer	receiver
im Augenblick	for now
im Ausland	abroad

im Voraus

im Voraus	in advance
Imagekampagne	image campaign
in Kontakt	in touch
in Rechnung stellen	to bill
ineffizient	inefficient
Info-	informational
Informationskampagne	information campaign
Inhaber(in)	owner
inklusive	included
inkompetent	incompetent
Inkompetenz	incompetence
innovativ	innovative
Irrtum	error
Jahresbericht	annual report
jemandem Bescheid geben	let someone know
jemanden auf den neuesten Stand bringen	to catch someone up
jemanden in der Leitung haben	to have somebody on the line
jetzig(e)	present
Kapazität	capacity
Kasse gegen Dokumente	Cash against Documents
kaum	hardly
klar	clear
Klausel	clause
klingeln	to ring

klingen	to sound
Kollege, Kollegin	associate
Komfort	facilities
Kommentar	comment
Kompromiss	compromise
Konnossement	bill of lading
könnten	could
Konto	account
Kontoauszug	bank statement
Kontostand	account balance
Konzept	concept
Kosten erstatten	to reimburse
krank	ill
Kunde, Kundin	client, customer
Kundenbetreuung	customer service
Kundenkonto	account
Kundenservice	after-sales service
Lage	position
Länge	length
länger	longer
langsam	slowly
laut	loudly
lauten	to read
lauter	louder
Lebenslauf	CV (curriculum vitae)
leicht	easy
leider	regretfully

leise

leise	soft
Leiter(in)	head, manager
Leitung	line
Leitungen reparieren	to mend the lines
Lieferant	supplier
Lieferbedingungen	delivery terms
liefern	to deliver
Liefertermin	delivery date
Lieferung	delivery, shipment
lösen	to resolve
Lösung	solution
machbar	feasible
Mahnung	reminder
Mangel	lack
Marktanteil	market share
Marktführer	market leader
Maschine	machine, plane
Media-Mix	media-mix
mehr über etwas erfahren	to find out more about something
mehrfach	multiple
Mehrwertsteuer	VAT (Value Added Tax)
Menge	quantity
Mengenrabatt	quantity discount
Messe	trade fair
mieten	to rent
Minimal-	minimal

Mitarbeiterzahl	number of employees
Mitteilung	notice
Modell	model
morgen	tomorrow
Muster	sample
Nachfrage	demand
nachfragen	to ask for
nachfragen bei	to check with
nachhaken	to check
Nachname	surname
Nachricht	message
nachschauen	to check
nächste(s,r)	next
Nebengeräusch	interference
nett	nice
netto	net
Neuigkeit	news
nicht zustimmen	to disagree
Niveau	standard
noch nicht	not yet
noch einmal lesen	to read back
noch einmal versuchen	to try again
notwendig	necessary
Nutzen	use
öffentliche Verkehrsmittel	public transport
optimal	optimal

Ort

Ort	location
Papierstau	paper jam
Partnerschaft	partnership
passen	to suit
passieren	to happen
Passwort	password
per Einschreibung	registered mail
per Nachname	cash on delivery (COD)
Personal	staff
persönlich	face to face, private
Platz	seat, spot
Platzierung	positioning
Preis	price
Preisliste	price list
Presseabteilung	Public Relations
Pressemappe	press kit
Printwerbung	print advertising
Priorität	priority
privat	personal
Probe	trial
Probezeit	probation period
probieren	to test
Produktpalette	product spectrum
Pro-forma-Rechnung	pro forma invoice
Prospekt	pamphlet
Provision	commission
Quadratmeter	square metre (m^2)

Qualität	quality
Rabatt	discount
Reaktion	reaction
Recht	law
Rechnung	bill, invoice
rechtliche Schritte	legal action
Rechtsform	legal form
rechtzeitig	on time
reden	to talk
Reisedaten	travel information
Reisepläne	travel plans
Reiseziel	destination
Reklamation	complaint, return
reservieren	to reserve
Restposten	remaining amount
richtig	right, correct
Richtung	direction
Rolltreppe	escalator
Rückmeldung	feedback
Rückreise	return
samt	including
Satzung	layout
Schaden	damage
Schadenersatz	damages
schaffen	to manage
schalten	to run
Scheck	cheque

schlecht

schlecht	poor
Schnäppchen	bargain
schnell	quickly
Schreibtisch	desk
schriftlich	in writing
Schritt	step
Schwächen	weak points
schwierig	difficult
Schwierigkeit	complication, difficulty
Seite	page
Sekretär(in)	secretary
Sendung	shipment, mailing
sich abmelden	to logout
sich anmelden	to login, to register
sich auf etwas freuen	to look forward to something
sich aufhängen	to freeze (computer)
sich beeilen	to hurry
sich bei jemandem melden	to get back to someone
sich beschweren	to complain
sich einigen	to settle
sich entschuldigen	to apologize
sich erkundigen nach	to learn about
sich für etwas interessieren	to be interested in something
sich informieren	to get information

sich treffen	to get together
sich verlaufen	to get lost
sich vorstellen	to introduce
sicher	confident, safe, sure
Skonto	cash discount
sofort	immediately, right now
solange	subject to
Sonderangebot	special offer
sonderbar	strange
Sozialkompetenz	social skills
spät	late
später	later
Spediteur	forwarding agent
speichern	to save
spezifisch	specific
sprechen	to talk, to speak
Stand	booth, status
stattfinden	to take place
Stärke	strong points
steigern	to increase
Stelle	position
Stellenanzeige	classified, job advertisement
Stimme	voice
stören	to disturb
Stornogebühr	cancellation fee
Störung	interference

Stückpreis

Stückpreis	unit price
täglich	daily
Tarif	rate
Tasten	buttons
Technik	technical support
teilnehmen	to participate
Teilzahlung	part payment
Telefon	phone
Telefonauskunft	directory enquiries
Telefonbuch	phone book
Telefonkonferenz	conference call
Telefonnummer	telephone number
Telefonzelle	phone box
Telefonzentrale	telephone exchange
Termin	appointment
Terminkalender	appointment book
Terminliste	schedule
Tochtergesellschaft	affiliate
Toleranzgrenze	tolerance level
Touristenklasse	economy class
Tratsch	gossip
über etwas nachdenken	to think about something
Übereinkunft	arrangement
überfällig	overdue
Übergepäck	excess baggage
überladen	to overload

überprüfen	to check
Überschrift	headline
übersehen	to overlook
Überstunden	overtime
Überwachungsdienst	security
überweisen	to transfer
überzeugen	to convince
Uhrzeit	time
umgehend	as soon as possible
Umstände	circumstances
unakzeptabel	unacceptable
unangenehm	embarrassing, unpleasant
Unannehmlichkeit	inconvenience
unbedingt	absolutely
unbezahlt	unpaid
ungeduldig	impatient
unhöflich	rude
unorganisiert	disorganized
unterbieten	to beat
unterbrechen	to interrupt
unterbreiten	to submit
Unterlagen	documents
Unternehmen	company
Unterschrift	signature
Unterstützung	assistance
unverbindlich	non-binding, subject to change

unzufrieden

unzufrieden	dissatisfied
Urlaub	holiday
Verabredung	date
Veranstaltung	event
verärgert	angry
verbessern	to improve
Verbesserung	improvement
verbinden	to connect
verbindlich	firm, binding
verbindlicher Auftrag	firm order
verbindliches Angebot	firm offer
Verbindung	connection
Verdruss	annoyance
(eine Zeit) vereinbaren	to set up (a time)
Vereinbarung	agreement
verfügbar	available
vergleichen	to compare
verhandeln	to negotiate
Verhandlung	negotiation
verhindern	to block
Verkauf	sales
verkaufen	to sell
Verkaufsmaterial	sales literature
verloren	lost
Verlust	loss
vermeiden	to avoid
Vermittlung	operator

Vermittlungszentrale	switchboard
vernünftig	reasonable
Verpflichtung	obligation
verreist	away
versandfertig	ready for delivery
Versandtermin	dispatch date
verschicken	to forward, to send
Versehen	oversight
versenden	to dispatch, send
versichert	assured
Versicherung	insurance
Verspätung	delay
versprechen	to promise
verstehen	to catch, to understand
versuchen	to try
Vertrag	contract
vertragsrechtlich	contractual
vertraulich	confidential
verwählen	to dial the wrong number
verzögern	to delay
verzollt werden	to clear customs
Viertel	quarter
von jemandem hören	to hear from someone
vorausgesetzt, dass	provided that
Vorauskasse	cash in advance
voraussichtlich	estimated
vorbehalten	to reserve

vorbeischauen

vorbeischauen	to come round
Vorgesetzte(r)	supervisor
vorige(s,r)	previous
Vorname	first name
vorrätig	in stock
Vorschlag	proposal
Vorteil	advantage
Vortrag	lecture
Vorwahl	preliminary election
Wachstum	growth
wählen	to dial
während	while
Waren	goods
Warenlieferung	consignment
warten	to wait, to hold
(in der) Warteschleife	on hold
Weg	way
wegen	about, owing to
weitere Sozialleistungen	fringe benefits
weitergeben	to pass on
weiterverbinden	to transfer
Werbeagentur	advertising agency
Werbespot	commercial
Wettbewerber	competitor
wichtig	sensitive
widersprechen	to contradict
wie folgt	as follows

wiederholen	to repeat
Wiederhören	goodbye
wirklich	really
Wochenende	weekend
wöchentlich	weekly
z. Hd.	F.A.O.
Zahlen	figures
Zahlung	payment
Zahlungsaufforderung	request for payment
Zahlungsart	method of payment
Zahlungsbedingungen	payment terms
Zahlungsfrist	time allowed for payment
Zahlungszeitraum	credit period
zeigen	to demonstrate
Zeile	line
Zeitfenster	window
Zeitspanne	time slot
Zeitung	newspaper
Zentrale	head office
Zielgruppe	target group
Zoll	customs
zu sprechen sein	to be available
Zugang	access
zugreifen	to access
zum Geschäftlichen	down to business
zumindest	at least

zurück

zurück	back
zurückholen	to retrieve
zurückrufen	to call back (American English), to ring back (British English)
zurückverfolgen	to trace
zusammenbrechen	to collapse
Zusatz-	extra
Zuschlag	surcharge
zuständig für	responsible for
zustimmen (verein-baren)	to agree
zuverlässig	reliable
Zweigstelle	branch office